I0567785

BESTACTIVITYBOOKS.COM

Copyright © 2022 LINGUAS CLASSICS

PREMIERE ÉDITION

Dépôt légal, 2022

Illustration Graphique Extra: www.freepik.com
Merci à Alekksall, Starline, Pch.vector, Rawpixel.com,
Vectorpocket, Dgim-studio, Upklyak, Macrovector,
Stockgiu, Pikisuperstar & Freepik.com Designers

Découvrez des Jeux Gratuits en Ligne

Disponible Ici :

BestActivityBooks.com/FREEGAMES

5 ASTUCES POUR DÉMARRER !

1) COMMENT RÉSOUDRE LES MOTS MÊLÉS

Les puzzles sont dans un format classique :

- Les mots sont cachés sans espaces, tirets, ...
- Orientation : Les mots peuvent être écrits en avant, en arrière, vers le haut, vers le bas ou en diagonale (ils peuvent être inversés).
- Les mots peuvent se chevaucher ou se croiser.

2) UN APPRENTISSAGE ACTIF

Un espace est prévu à côté de chaque mots pour noter la traduction. Pour favoriser un apprentissage actif un **DICTIONNAIRE** à la fin de cette édition vous permettra de vérifier et étendre vos connaissances. Cherchez et notez les traductions, trouvez-les dans le Puzzle et ajoutez-les à votre vocabulaire !

3) MARQUEZ LES MOTS

Vous pouvez inventer votre propre système de marquage. Peut-être en utilisez-vous déjà un ? Sinon, vous pourriez, par exemple, marquer les mots qui ont été difficiles à trouver d'une croix, ceux que vous avez aimés d'une étoile, les mots nouveaux d'un triangle, les mots rares d'un diamant, etc...

4) STRUCTUREZ VOTRE APPRENTISSAGE

Cette édition vous offre un **CARNET DE NOTES** très pratique à la fin du livre. En vacances ou en voyage ou à la maison, vous pouvez facilement organiser vos nouvelles connaissances sans avoir besoin d'un second bloc-notes !

5) VOUS AVEZ FINI TOUTES LES GRILLES ?

Allez à la section bonus **CHALLENGE FINAL** pour trouver un jeu gratuit à la fin de cette édition !

Simple et Rapide ! Découvrez notre collection de livres d'activités pour votre prochain moment de détente et **d'apprentissage**, à juste un clic de distance !

Trouvez votre prochain défi sur :

BestActivityBooks.com/MonProchainLivre

À vos marques, prêts... Partez !

Saviez-vous qu'il existe environ 7 000 langues différentes dans le monde ? Les mots sont précieux.

Nous aimons les langues et avons travaillé dur pour créer les livres de la plus haute qualité pour vous. Nos ingrédients ?

Une sélection des thématiques d'apprentissage adaptée, trois belles parts de divertissement, puis nous ajoutons une cuillère de mots difficiles et une pincée de mots rares. Nous les servons avec soin et un maximum de plaisir pour vous permettre de résoudre les meilleurs jeux de mots mêlés qui soient et d'apprendre en vous amusant !

Votre avis est essentiel. Vous pouvez participer activement au succès de ce livre en nous laissant un commentaire. Nous aimerions vraiment savoir ce que vous avez préféré dans cette édition !

Voici un lien rapide qui vous mènera à la page d'évaluation de vos commandes :

BestBooksActivity.com/Avis50

Merci pour votre aide et amusez-vous bien !

De la part de toute l'équipe

1 - Adjectifs #2

```
O S U N W A D L H N F C C D
Z U J S E Y C O A A W Y R R
M R E G C W F R L T L F E A
F E R N D Z Y O L U G R A M
R W E C W S R D T R W I D A
P P V A S O C D D I Y F I T
T R L C S B G I S O L O G I
I H H C Y S O D E L L L O G
Z Q R V L N S H C J T B L D
T X L O I H C R Y H N Y C F
H A P T D O B W O H C A I D
D I S G R I F I A D O L U B
W Z G D U C A I N I J A A B
C D F O P D L I I H W M W F
```

DILYS
ENWOG
CREADIGOL
DISGRIFIADOL
DAWNUS
DRAMATIG
CAIN
FALCH
CRYF
DIDDOROL

NATURIOL
NEWYDD
CYNHYRCHIOL
PWERUS
PUR
CYFRIFOL
IACH
HALLT
GWYLLT
SYCH

2 - Force et Gravité

```
L B O F J O J A C Y N N I G
O C A N O L R U M Q A A L E
N Z W N O D F B M S T Z K N
I R D H H N D A I H E Z W A
D W W O B T Z I G T K R P C
E B K A U M D Z E I F Q W E
R Z W T A O Y A T A E M Y M
F U I Z D Q N F E F D Y S W
F F I S E G A M N F C Z A T
Y O Z M N P M T G E F P U N
C Q E Q A Z I O A A O G R E
E C H E L M G Y M T W V G M
X F C Z P P E L L T E R B O
V N E H A N G U U C H Y R M
```

ECHEL   CYNNIG
CANOL   ORBIT
PELLTER   FFISEG
DYNAMIG   PLANEDAU
EHANGU   PWYSAU
MOMENTWM   EIDDO
EFFAITH   AMSER
MAGNETEG   CYFFREDINOL
MECANEG

3 - Adjectifs #1

```
G D H P W Y S I G V X T F I
A V L L Y A R O M A T I G F
U A R T I S T I G S W D O A
V C D I N I W E D T I E N N
Z C H I T R W M M J L N E C
F K L E A H A R D D O I S E
U D V J L Z U W S Z S A T N
B N B K A G A R A F B D G F
M M I S U H E O L Y A O Q A
I F O O A S T I C U N L P W
I Y T D N P X T S G A E K R
U M J W E O O F I I Z N U R
L E M Q T R B G I T O S G E
Q U P L V Y N N Q S F L T Y
```

ABSOLIWT
UCHELGEISIOL
AROMATIG
ARTISTIG
DENIADOL
HARDD
EGSOTIG
ENFAWR
HAEL

ONEST
UNION
PWYSIG
DINIWED
IFANC
ARAF
TRWM
TENAU
MODERN

4 - Échecs

```
V M Ê G C H W A R A E W R R
Y D V W Y Z E Z X M Y H F H
I S Y Y M M Q P P I K E U E
F P E N I N E R B M B R A O
S T R A T E G A E T H I I L
B R E N H I N E S C N A T A
G I D D Y S G U D W A U N U
U O T W R N A M A I N T Y S
A D D Y B E N Y W H T R W G
J B A D L L E T R A W S P A
V E E M E P E N C A M P W R
M E X R S F Y L Y W G X R Q
P F I T T E O G D K E X U J
J T N D B H R L R Q H H E L
```

GWRTHWYNEBYDD   GODDEFOL
I DDYSGU   PWYNTIAU
GWYN   BRENHINES
PENCAMPWR   RHEOLAU
HERIAU   BRENIN
LLETRAWS   ABERTH
GÊM   STRATEGAETH
CHWARAEWR   AMSER
DU   TWRNAMAINT

5 - Herboristerie

```
P E R S L I F A G V V G G T
X E Z G W M F R A B J C W M
B A S I L I E O R G M O Y E
G S N R U E N M L A A G R R
L A F A N T I A L R R I D N
V L Z M O S G T E D O N D R
G B M S G X L I G D J I V B
B V X O A B L G U X R O O V
R A U H R J U A N S A W D D
W J T R A R Q D B Y M Y E A
F G U H T T J Z D R D A O Z
O Z C S D X D Z T I N O I W
X E P G O Y A B O T O U L J
S A F F R W M Z R A Z L T B
```

GARLLEG
AROMATIG
BASIL
BUDDIOL
COGINIO
TARAGON
FFENIGL
BLODYN
GARDD
LAFANT

MARJORAM
BATHDY
PERSLI
ANSAWDD
RHOSMAR
SAFFRWM
BLAS
TEIM
GWYRDD

6 - Photographie

```
U B N C Y F E R B Y N I A D
D C R S H H L V Z U C G F P
G U N O D C L W E T Y O S O
S A F B W Y N T H Y S L O R
G E I M Â R F F I W G E G T
D N C W F H M Z K Y O U N R
Y I Z V W T P B W L D A A E
Q V F R E R X O S L I D D A
J V J F V W I L L W O A D D
T H K B I G C K K C N U R C
N P W N C N V G H H X P A M
I M N W U Z I C A M E R A F
F F O R M A T A G W E A D S
M E D D A L U R D E J J R C
```

MEDDALU
FFRÂM
CAMERA
CYFERBYNIAD
LLIW
DIFFINIAD
ARDDANGOSFA
GOLEUADAU
FFORMAT

DU
GWRTHRYCH
TYWYLLWCH
CYSGODION
SAFBWYNT
PORTREAD
PWNC
GWEAD

7 - Véhicules

```
H  C  K  T  N  W  P  Q  F  L  F  H  T  E
Q  G  N  B  U  J  J  U  F  X  L  R  A  D
J  J  R  E  T  W  G  S  E  Z  U  U  C  D
H  J  X  I  R  F  C  W  R  K  W  D  S  Y
W  R  Y  C  C  W  T  B  I  J  V  O  I  N
L  L  O  N  G  D  A  N  F  O  R  M  G  N
A  M  B  I  W  L  A  N  S  R  C  K  I  E
E  F  L  J  C  F  U  T  R  A  C  T  O  R
D  D  R  O  F  F  S  I  Z  V  X  C  C  F
A  R  J  N  N  A  F  A  R  A  C  R  A  O
X  B  I  R  O  N  O  I  R  I  T  W  R  H
R  O  C  E  D  I  E  L  O  R  I  W  C  M
A  W  Y  R  E  N  N  W  T  F  B  V  U  H
Q  U  L  W  L  I  D  J  G  X  G  K  Z  W
```

AMBIWLANS

AWYREN

CWCH

BWS

LORI

CARAFAN

FFERI

ROCED

HOFRENNYDD

ISFFORDD

MODUR

GWENNOL

TIRION

LLU

SGWTER

LLONG DANFOR

TACSI

TRACTOR

BEIC

CAR

8 - Camping

```
T  S  P  M  G  I  O  K  K  R  S  A  P  L
C  N  R  M  Y  C  M  Y  P  L  C  N  R  L
K  E  M  W  H  N  T  H  L  A  O  T  Y  U
C  W  L  H  K  Ŵ  Y  N  E  A  D  U  F  S
O  F  F  E  R  N  F  D  L  L  I  R  E  E
M  F  S  J  G  A  A  C  D  N  A  K  D  R
M  A  I  D  F  C  S  T  C  D  I  E  R  N
A  H  B  X  O  Q  E  E  U  N  L  R  M  Y
H  R  K  P  L  T  X  H  X  R  I  I  U  L
P  A  B  E  L  L  G  I  W  D  E  O  C  L
C  A  B  A  N  V  W  Z  W  I  F  M  P  V
C  W  M  P  A  W  D  X  A  S  I  B  N  X
Z  J  D  A  U  E  L  L  F  B  N  Â  T  P
S  H  K  M  I  Z  I  K  G  D  A  G  L  G
```

ANIFEILIAID	TÂN
ANTUR	COEDWIG
CWMPAWD	HAMMOCK
CABAN	PRYFED
CANŴ	LLYN
MAP	LLUSERN
HET	LLEUAD
HELA	MYNYDD
RHAFF	NATUR
OFFER	PABELL

9 - Écologie

```
F G Z N U V C X G L G K C A
F O I T A Z Y B N O D Z Y M
A R W T H G N B A R R S N R
W O Y K T X A M T O U S E Y
N E U R E D L D U M T M F W
A S E G A I I D R L A Y I I
T I V P G S A W I Q N N N A
U A D D O N D A O F E Y U E
R O N I W I W S L G B D T T
X Z Z J Y Z Y N B L V D F H
P L A N H I G I O N S O J D
S O P V R E D H C Y S E B O
B Y D E A N G V Z W Z D I C
F L O R A E L C O Q P D O C
```

HINSAWDD
AMRYWIAETH
CYNALIADWY
RHYWOGAETHAU
FFAWNA
FLORA
BYD-EANG
CYNEFIN
GORS

MOROL
MYNYDDOEDD
NATUR
NATURIOL
PLANHIGION
ADNODDAU
SYCHDER
GOROESI

10 - Géométrie

```
W Y N E B D C R H C L Y C D
N A R F Y C Y H F A P K C I
I N Z H L C M E E N F B Y A
O M W E I F E S R O U G F M
E N U I O F S Y T L E T R E
E V G Z S K U M I R C U I D
E B C L R N R E G I Y C F R
T H E O R I E G O F F H I H
L N T T K P D M L P O D A Y
I S V J A Q D Q I P C E D Y
G H A F A L I A D D H R I M
M X A Y Y N I L M O R G K E
À F S X B S C L G N O I R T
S T R S E G M E N T G E E D
```

ONGL	CANOLRIF
CYFRIFIAD	RHIF
CYLCH	CYFOCHROG
GROMLIN	CYFRAN
DIAMEDR	SEGMENT
DIMENSIWN	WYNEB
HAFALIAD	CYMESUREDD
UCHDER	THEORI
RHESYMEG	TRIONGL
MÀS	FERTIGOL

11 - Les Médias

```
D A I F F A R G R A X Q V J
I I C F D E A L L U S O L B
W C L Y F D E L W E D D A U
Y Y O L H E U P Q K R A I L
D F G I Y O I A Z L A R X L
I A I X Z C E T Q Y D L A U
A T N R A B Y D H O I E D N
N H U D N J B Q D I O I D I
T R T E L E D U K U A N Y A
Q E Q S Y W I Y R M S U S U
I B M A S N A C H O L E G T
F U F J Y W A G W E D D A U
R H W Y D W A I T H K J G G
D I G I D O L O E L L T M Y
```

AGWEDDAU
MASNACHOL
CYFATHREBU
AR-LEIN
ARGRAFFIAD
ADDYSG
FFEITHIAU
CYLLID
DELWEDDAU
UNIGOL

DIWYDIANT
DEALLUSOL
LLEOL
DIGIDOL
BARN
LLUNIAU
CYHOEDDUS
RADIO
RHWYDWAITH
TELEDU

12 - Philanthropie

```
D C I X S I U R P V U K C I
Y Y N E G N A G O O R U E I
N L O X U N D N T R B S N C
O L I M A E O Z X M C L H Y
L I L A I L N E S U L E A S
I D E Y R G D C G C J A D Y
A W A U E A R N T Q Q P A L
E G H P H H M W V I W R E L
T N A L P R X Q P Z D H T T
H A N X N C Y N S I I A H I
V E W P D E K O E U A S H A
B D N O C Y M U N E D U Z D
D Y W J C B Y C A N G P F A
W B Q C S G M N H J D N B U
```

ANGEN
NODAU
ELUSEN
CYMUNED
CYSYLLTIADAU
HERIAU
PLANT
CYLLID
POBL

HAELIONI
BYD-EANG
GRWPIAU
HANES
DYNOLIAETH
IEUENCTID
CENHADAETH
RHAGLENNI

13 - Diplomatie

```
T R A F O D A E T H A H P O
M D I O G E L W C H T C O R
C O N X C Y D Q Y B E F E A
L C E Z G I D U S B B V P D
L Y D S A E E S Y L R B A H
Y F Y U E O O I R O M A R T
S I N N D G H O T A W R C R
G A G I I A C W A H V W N W
E W A O N C R Z D V O L O G
N N R N E O Y D L X T E R P
N D O D S A G X X Q D E D S
A E L E I W M Y B S I Q T D
D R B B G E Y C Y M U N E D
R R C Y F R E I T H I O L G
```

LLYSGENNAD	DYNGAROL
YMGYRCHOEDD	UNIONDEB
DINESIG	CYFIAWNDER
CYMUNED	IEITHOEDD
GWRTHDARO	CYFREITHIOL
TRAFODAETH	DATRYS
MOESEG	DIOGELWCH
TRAMOR	ATEB

14 - Électricité

```
Y T M A I N T L O H M B N G
Z R F J D O B A P B K W E W
U Y O I B R J M W D E L G I
A D E D O E S P X F H B Y F
H A T E T S Z D E M N X D R
C N R U D A R E N E G C D A
Y W Y E S L K C F Ô T I O U
R R D P F O K O L Q F W L M
H T A Q E F X S I S W F B A
T B N X T W O I R O T S E G
R H W Y D W A I T H V X C N
W T E L E D U O A S D X T E
G P O T I W T Q B J S K H T
Y Y L C A D A R N H A O L A
```

MAGNET	LASER
BWLB	NEGYDDOL
BATRI	GWRTHRYCHAU
CEBL	CADARNHAOL
TRYDANWR	SOCED
TRYDAN	MAINT
OFFER	RHWYDWAITH
GWIFRAU	STORIO
GENERADUR	FFÔN
LAMP	TELEDU

15 - Astronomie

```
F F I P I P A G S O M S O C
V Y B T I V R K A O F S Z Y
N C A X M F S C L L L N A D
I I Q X Z G Y P U U A A B O
D E C O R R L S B S D E R B
B L A N E D L D E X C S T I
A R K I S A F O N H C W U H
D W Q U T U A G O F O D W R
R D K Q Y E H L F Z G M G Y
N D A E C L E K Y X R E V W
H Y E E A L D I O R E T S A
R R X P A O W A T M M E P W
I E M G L R S K Z B F O T O
P S E C L I P S E N N R A M
```

ASTEROID	GALAETH
GOFODWR	LLEUAD
SERYDDWR	METEOR
AWYR	NEBULA
CYTSER	ARSYLLFA
COSMOS	BLANED
ECLIPSE	SOLAR
EQUINOX	UWCHNOFA
ROCED	DDAEAR

16 - Physique

```
F M C Q E T V I A Q A C V D
E F A Y Q N K Z T Q M Y U I
L K O G F V Y M O M L F C S
E X I R N F P À M N D L E G
C R C C M E R S O T E Y M Y
T A A X Z I T E T N R M E R
R E L S A I W E D A B I G C
O L M X N Q X L G I B A O H
N C Y C F Z L T A R N D L I
D W Y S E D D Q X I Z O I A
B I A L R Z A V F E F X L N
D N K G H T Z I A P H Q B T
F K G Q N W Y M E C A N E G
W I G E A M O L E C I W L Z
```

CYFLYMIAD   DISGYRCHIANT
ATOM   MAGNETEG
ANHREFN   MÀS
CEMEGOL   MECANEG
DWYSEDD   MOLECIWL
ELECTRON   PEIRIANT
FFORMIWLA   NIWCLEAR
AMLDER   YMLACIO
NWY   CYFFREDINOL

17 - Types de Cheveux

```
A H H U E V N K U G H J C C
R C I B R O W N U Z W P X W
I Y R R I P E C A R M O E L
A S B S G L E I N I O G T A
N O I M D S L K E H I F R D
V Y S B H J O J T T A Z W D
G M W R X N K K W E C G C E
Y P I G H J R L W L H J H M
C Y R L I O G L L B R L U K
E M A B U S S W L C C E S H
X X I L T S E Y I H U X N O
X R L O D Z P D W D P R D E
E O D N U A G X M U R O L L
R S B D P L E T H E D I G S
```

ARIAN   CYRLIOG
GWYN   LLWYD
BLOND   HIR
CURLS   BROWN
SGLEINIOG   TENAU
MOEL   DU
LLIW   IACH
BYR   SYCH
MEDDAL   BLETHI
TRWCHUS   PLETHEDIG

18 - Archéologie

```
B D H G C N L M E D D C H G
L A Y W R H D I G B E D D W
Y D N R A D O E S G Y R N A
N A A T I U P T B O S M M R
Y N F H C X W P P R F T D E
D S I R N J I J K H A F I I
D O A Y C R A I R T R A S D
O D E C R W H Q Q A B N G D
E D T H C Y F N O D E G Y I
D I H A Q H M A U D N H N A
D A Z U R D B W C T I O N D
F D T Î M X M S X X G F Y N
Y M C H W I L Y D D W I D U
D I R G E L W C H U R O D Q
```

DADANSODDIAD   FFOSIL
BLYNYDDOEDD   DIRGELWCH
HYNAFIAETH   GWRTHRYCHAU
YMCHWILYDD   ESGYRN
GWAREIDDIAD   ANGHOFIO
DISGYNNYDD   ATHRO
ARBENIGWR   CRAIR
CYFNOD   DEML
TÎM   BEDD

19 - Mammifères

```
L T V R K W V A C Y M C M S
L N E G N I N W C O W V O E
B A E X O J E T P S P M R B
A F Y E D R C E F F Y L F R
L F E D G O I C I W D D I A
Q I T I X V L L R A S W L Q
L L W Y N O G F A L L E W D
I E X X E V L G F M E C O E
C O Y O T E H P U I U A D F
N Q F T G D T H C R N T N A
W P N Z Z P R A W E K H C I
M G O P L U A G R G I E T D
K A N G A R O O L W N R C W
S J I R A F F B L A I D D U
```

MORFIL	CWNINGEN
CATH	LLEW
CEFFYL	BLAIDD
CI	DEFAID
COYOTE	ARTH
DOLFFIN	LLWYNOG
ELIFFANT	MWNCI
JIRAFF	TARW
GORILA	TEIGR
KANGAROO	SEBRA

20 - Chocolat

```
Z C P O W D R G W I S L N T
H H A W J G T G I T O S G E
U A Ï R O L A G C S C X Q A
I C Z E A O U A B Z O N T N
H H Q W D M E H B F C N U S
M W J H K F E V B L U O V A
B E X C A I G L Z V A I Z W
L U L N M C E A Z P N S R D
A V R Y W T F F E R C Y Y D
S I D D S A F L Z L K W S Q
U Q N N K R O J Z F C H Á T
S P Q A G N H Z O H A N I U
I Q N C A R O G L I R Y T N
D Z B A P C A C A O D C G Y
```

CHWERW   EGSOTIG
AROGL   HOFF
CREFFTWYR   BLAS
CANDY   CYNHWYSION
CACAO   CNAU COCO
GALORÏAU   POWDR
CARAMEL   ANSAWDD
BLASUS   RYSÁIT
MELYS   SIWGR

21 - Mathématiques

```
R  D  E  M  A  I  D  N  O  G  Y  L  O  P
B  J  X  X  M  L  D  I  M  V  U  O  L  A
E  Y  Q  T  F  G  E  D  D  Y  F  I  H  R
R  E  P  X  E  N  H  L  O  R  F  Y  C  A
P  S  W  M  S  Z  C  O  M  P  X  R  Y  L
E  W  M  S  U  Q  L  G  N  O  I  R  T  E
N  I  V  L  R  G  Y  E  M  B  I  O  R  L
D  D  J  A  S  W  C  D  L  R  N  R  L  O
I  A  F  Y  G  E  R  T  E  M  O  E  G  G
C  R  C  R  W  H  A  F  A  L  I  A  D  R
W  L  Q  T  Â  O  N  G  L  A  U  S  T  A
L  D  D  E  R  U  S  E  M  Y  C  P  Y  M
A  D  P  P  Z  C  Y  F  O  C  H  R  O  G
R  A  B  F  F  R  A  C  S  I  W  N  T  Z
```

ONGLAU
RHIFYDDEG
SGWÂR
CYLCHEDD
DEGOL
DIAMEDR
HAFALIAD
FFRACSIWN
GEOMETREG
CYFOCHROG

PARALELOGRAM
BERPENDICWLAR
AMFESUR
POLYGON
RADIWS
PETRYAL
SWM
CYMESUREDD
TRIONGL
CYFROL

22 - Sport

```
B Z Q T Q Z C H C W N G Y D
D E W J R W D D R O F F Y H
E C I B Y N O I J M R D P T
I R R C I B N C E M L F Q E
E Y W H I E V I U N F O F A
T F P Y S O I S N W A D A M
I D M W N E U D Y G O R A U
N E A Q Z W N R Y G S E F Z
O R G I L O B A T E M M C E
F E L T R H O L I K N U T G
I O O Y U C D Y H C E I G A
O V B P R H A G L E N V S L
C A A T B A B O P S O O F L
X Z M C Y H Y R A U U Y L U
```

MABOLGAMPWR	WNEUD Y GORAU
GALLU	METABOLIG
CORFF	CYHYRAU
BEICIO	I NOFIO
DAWNSIO	MAETH
DEIET	NOD
DYGNWCH	ESGYRN
HYFFORDDWR	RHAGLEN
CRYFDER	IECHYD
LONCIAN	

23 - Mythologie

```
Y  M  D  D  Y  G  I  A  D  M  H  T  W  C
C  R  E  D  O  A  U  P  Q  A  U  R  A  R
D  I  A  L  Z  B  R  H  T  R  D  Y  R  E
L  A  B  Y  R  I  N  T  H  W  O  C  W  U
C  L  X  W  S  E  H  Q  G  O  L  H  R  R
R  R  S  H  Q  L  D  Y  R  L  R  I  Y  H
B  D  E  N  E  G  I  F  N  E  C  N  P  Y
Z  A  R  A  T  F  K  S  Y  R  A  E  L  F
F  L  W  D  D  E  M  F  D  R  N  B  Q  E
B  K  R  K  G  U  G  I  J  F  C  K  O  L
Z  V  A  B  A  X  R  C  H  W  E  D  L  W
Q  D  G  U  G  D  V  M  E  L  L  T  V  R
J  D  I  W  Y  L  L  I  A  N  T  V  P  W
A  N  G  H  E  N  F  I  L  Z  D  L  B  J
```

TRYCHINEB	ARWR
YMDDYGIAD	CENFIGEN
CREU	LABYRINTH
CREADUR	CHWEDL
CREDOAU	HUDOL
DIWYLLIANT	ANGHENFIL
MELLT	MARWOL
CRYFDER	MEDDWL
RHYFELWR	DIAL
ARWRES	

24 - Beauté

```
H U W Y M L S Z C H C Y R D
C A I N A F C X N F Y L L E
Q W L W S M E C X Z F E G F
M E L C C R V R O P A C T P
Z L N O A C T O J V N N N Q
B O I L R V P E V N S A R G
L O M U A Z U N J W O R W S
X U M R E D N I E C D G S T
C S W Y N K G T L I D A I E
F U X M X W H F P R I R S I
N V R G S S I A M P A F F L
K R G L E X I L H C D S N Y
Z S Z X S E N K L Z D P B D
F F O T O G E N I G Y V H D
```

CURLS   CYFANSODDIAD
SWYN   MASCARA
SISWRN   DRYCH
COLUR   FRAGRANCE
LLIW   CROEN
CEINDER   FFOTOGENIG
CAIN   MINLLIW
GRAS   SIAMP
OLEWAU   STEILYDD
LLYFN

25 - Avions

```
H  H  V  N  S  H  E  T  I  X  A  O  V  X
P  Y  Z  R  P  O  G  A  B  S  V  W  B  S
E  D  N  O  I  G  I  N  Y  C  L  I  Y  N
I  R  E  D  H  C  U  W  E  D  A  R  T  R
L  O  I  W  Y  L  C  Y  A  V  J  C  K  H
O  G  O  E  T  D  W  D  G  K  K  D  D  A
T  E  H  S  A  J  T  D  Z  L  Q  A  T  N
C  N  A  D  E  I  L  A  D  U  A  I  N  E
W  H  C  L  Y  G  R  Y  W  A  B  N  A  S
H  T  W  J  H  X  U  Q  A  B  A  Y  I  S
F  G  R  Y  W  H  T  I  E  T  L  G  R  O
Z  Z  N  F  D  P  N  W  Z  R  Ŵ  S  I  T
M  S  V  J  C  D  A  O  M  V  N  I  E  H
P  J  S  C  I  A  O  W  W  P  W  D  P  K
```

AWYRGYLCH	CHWYDDO
GLANIO	UCHDER
ANTUR	CYNIGION
BALŴN	HANES
TANWYDD	HYDROGEN
AWYR	PEIRIANT
ADEILADU	LYWIO
DISGYNIAD	TEITHWYR
CRIW	PEILOT

26 - Aventure

```
P H H L C Y R C H F A N G C
A N A L A N E W Y D D Q W C
R U R Y T E I T H I O J I O
A P D W D O D N Y S R V B C
T E D I D D E W R D E R D L
O R W O E O U F Y E T A A L
I Y C T D D I K G D S M I A
N G H P Y L T T U Y W S T W
A L L O R E F R A N A E H E
T U C Y F L E M I Z H R U N
U S A W D M J S R J N L K Y
R F U S W O S E E D A E L D
L J Z Z R S A Y H R S N Q D
J B H W B D I O G E L W C H
```

HARDDWCH
DEWRDER
PERYGLUS
CYRCHFAN
HERIAU
ANHAWSTER
BRWDFRYDEDD
GWIBDAITH
ANARFEROL
AMSERLEN

LLAWENYDD
NATUR
LLYWIO
NEWYDD
CYFLE
PARATOI
DIOGELWCH
SYNDOD
TEITHIO

27 - Ville

```
S  T  P  R  I  F  Y  S  G  O  L  U  R  B
S  I  H  S  I  O  P  F  L  O  D  A  U  E
Y  O  N  E  D  O  G  Z  Y  I  C  K  G  C
C  D  X  E  A  F  L  L  Y  R  E  F  F  W
S  G  S  P  M  T  C  J  Z  Y  I  O  K  S
G  I  W  V  R  A  R  Y  W  A  S  E  A  M
W  N  O  X  N  A  V  V  Q  F  W  L  W  M
E  I  E  P  Q  O  J  S  J  L  V  L  Y  W
S  L  D  U  L  L  E  G  R  F  Y  L  L  I
T  C  N  A  B  Y  T  Y  W  B  T  O  Z  D
Y  O  E  C  H  A  F  D  D  E  U  G  M  A
T  I  D  A  N  H  C  R  A  F  O  S  M  T
O  O  R  I  E  L  G  K  A  S  P  Y  L  S
I  O  D  Z  G  R  P  J  X  U  G  F  C  P
```

MAES AWYR   SIOP LYFRAU
BANC   FARCHNAD
LLYFRGELL   AMGUEDDFA
BECWS   FFERYLLFA
SINEMA   BWYTY
CLINIG   STADIWM
YSGOL   THEATR
SIOP FLODAU   PRIFYSGOL
ORIEL   SW
GWESTY

28 - Ingénierie

```
F D S H L N S M O D U R Y S
I F I D C Y L C H D R O N E
L F R A A D E I L A D U N F
Y O D I G X Z H E W R U I Y
H I O F T R Z I H G B K D D
Y M S I P H A B C N C L I L
C D B R X T I M E K D A A O
R C A F M N Q A O N G L M G
Y O R Y D A G I N N Y C E R
F M T C B I H H P T T D D W
D E H N K R E W O V Y C R Y
E S U F O I A S H R A W N D
R U C Q T E J R E D N F Y D
A R K Z U P Z F B L Q C T J
```

ONGL
ECHEL
CYFRIFIAD
ADEILADU
DIAGRAM
DIAMEDR
DIESEL
DOSBARTHU
YNNI
CRYFDER

FFRITHIANT
HYLIF
PEIRIANT
MESUR
MODUR
CYNNIG
DYFNDER
CYLCHDRO
SEFYDLOGRWYDD

29 - Énergie

```
T P P G C F Q Z T N Y W G T
D A E O O Q V F N A Z H Q Y
I A N T W M R M O D U R O R
W M I W P K I E R Y G A B B
Y G L E Y X E T T R H E F I
D Y O N W D A R C T A L R N
I L S T Q G D A E G U C W E
A C A R N W I D L E L W M G
N H G O K R C L E S E I D O
T E N P G E E A U R B N P R
P D N I H S V P R M G X F D
Z D L Q B A T R I B Z Y K Y
C I P P F F O T O N O R L H
N Y M T V J I U T G C N W L
```

BATRI
CARBON
TANWYDD
GWRES
DIESEL
ENTROPI
AMGYLCHEDD
GASOLINE
TRYDAN
ELECTRON

HYDROGEN
DIWYDIANT
MODUR
NIWCLEAR
FFOTON
LLYGREDD
HAUL
TYRBIN
GWYNT

30 - Cuisine

```
Y D O H C T L B V F E U U U
S R L E G G E T W R I P U A
B N Z K R A J G N Y C P A N
E X I M A G N W E F D U Y A
I Y M H J S E J H L O X W P
S E U J W K G L E W L L L W
Y T P O P C N B L O Q N L C
S G R I L I I E A B E V G Y
R Y S Á I T F F Y R C V O L
P Q T U D S L L E T W A D L
T O A Q D P L V O E Y Y E Y
H D T E O O O H N U X Y F L
T S P U N H C C S D M H F L
T L M A Z C R H E W G E L L
```

CHOPSTICKS   FFYRC
BOWL   GRIL
TEGELL   LLETWAD
RHEWGELL   BWYD
CYLLYLL   JAR
JWG   RYSÁIT
LLWYAU   OERGELL
SBEISYS   NAPCYN
NODDI   FFEDOG
POPTY   CWPANAU

31 - Corps Humain

```
T  M  J  D  G  C  U  G  L  A  S  T  C  C
P  V  M  D  W  L  A  A  F  A  G  R  E  R
Y  E  W  Y  D  U  V  L  W  F  K  K  J  O
M  B  N  W  D  S  X  O  L  K  Ê  M  W  E
E  F  E  G  F  T  P  N  Ê  F  W  R  V  N
N  C  P  S  L  N  K  I  L  L  A  W  B  Y
N  C  B  Y  Y  I  U  L  C  D  W  E  O  W
Y  F  K  K  M  O  N  E  V  R  W  F  L  R
D  W  Y  N  E  B  P  N  O  D  O  F  A  T
D  R  Q  E  I  F  B  E  D  U  B  Y  L  R
Q  S  Y  U  R  F  C  P  Y  F  X  O  A  F
G  G  B  G  W  E  F  U  S  A  U  S  U  L
M  C  A  Y  G  W  A  E  D  G  E  G  X  S
E  Y  N  X  S  X  T  P  D  O  I  U  W  I
```

GEG	TAFOD
YMENNYDD	GWEFUSAU
FFÊR	LLAW
GWDDF	ÊN
PENELIN	TRWYN
GALON	CLUST
BYS	CROEN
BOLA	GWAED
YSGWYDD	PEN
PEN-GLIN	WYNEB

32 - Épices

```
A N I S E E K H U H N R C L
P D R L A W X H S U Y C O I
T P Y G F L A X K C T W R C
I M C I M F B J P I M M I O
I D O N O M A N I S E I A R
C H W E R W S E I D G N N I
H C J F G A R L L E G B D C
N A V F R I S N I S O D E E
M Z L Q U U N A K O P A R F
U D H E S N P F F S N P M A
T U G Y N C E H R F P Q Q N
U N I O N M O M A D R A C I
N X H I N U P U P U R W P L
Z P A P R I K A R K L L M A
```

SUR
GARLLEG
CHWERW
ANISE
SINAMON
CARDAMOM
CORIANDER
CWMIN
CYRI
FFENIGL

SINSIR
NYTMEG
UNION
PAPRIKA
PUPUR
LICORICE
SAFFRWM
BLAS
HALEN
FANILA

33 - Science

```
D U H P M O X L Q Q F Z G D
D A J F L C E M E G O L R D
W L T W H A T N I U G A O A
A W X A F E N D A W Q T N M
S I D R F S A H X T V O Y C
N C U B I B I T I U U M N A
I E L R S L H I L G K R N N
H L L A E Y C A Y G I S A I
K O L K G G R F D M G O U A
T M J Y C I Y F R W X U N E
Q Z B E N A G R O Y D A Q T
G S L P M D S U B N D M R H
F F O S I L I B A A W D F X
Q Q N N C U D S L U J M B V
```

ATOM
CEMEGOL
HINSAWDD
DATA
ARBRAWF
ESBLYGIAD
FFAITH
FFOSIL
DISGYRCHIANT
DDAMCANIAETH

LABORDY
DULL
MWYNAU
MOLECIWLAU
NATUR
ORGANEB
GRONYNNAU
FFISEG
PLANHIGION

34 - Vêtements

```
Q K Y X N W B O O U P C P R
W Q G S B A R C V X A H I I
B L O W S T E H E B N W M K
P C D E C A I S G R T Y I G
C Y G K A N C A B G S S P W
S Ô J E G W H D P V A W V R
E G T A A I L N G J T R E E
P I A R M S E A S G E R T G
A C T R N A D B E S G I D Y
G O D E F F S O J Î N S C S
S O Q N D F Q D F N Y C R O
I L X G S A N D A L A U Y G
W N N H B G F T W X B U S O
G I N E M Y D I X B S W I D
```

BREICHLED   SGERT
GWREGYS   CÔT
HET   FFASIWN
ESGID   PANTS
CRYS   CHWYSWR
BLOWS   PYJAMAS
ADNABOD   GWISG
SGARFF   SANDALAU
MENIG   FFEDOG
JÎNS   SIACED

35 - Méditation

```
T D H R G I R M M G S N S T
O R F F E U I N E W J M E H
M S H T E A I R O D D R E C
E D G V P N A U N A D U C W
D W D O T Y R T R I Y W E R
D H C P X I F A D D W H L A
Y S A Q U S E N A U R E T G
L V A U S O R Y W M G D O H
I O M F M M I B E Y I D S C
O S S X B E O R L S D W T L
L S Y L W W N E T B E C U O
A N A D L U Y D M Q R H R I
X B G A C C O N U Q A Z I D
E G L U R D E R T Q C I H Z
```

DERBYN
SYLW
DAWEL
EGLURDER
TOSTURI
MEDDWL
EMOSIYNAU
EFFRO
CAREDIGRWYDD
DIOLCHGARWCH

ARFERION
MEDDYLIOL
SYMUDIAD
CERDDORIAETH
NATUR
HEDDWCH
SAFBWYNT
OSGO
ANADLU

36 - Littérature

```
T D A D A N S O D D I A D C
E R D R Y C H I N E B T D Y
W E O O J A R D D U L L E F
L Y C S O P T U M A D J I A
O L O T I V C W D E O G A T
N B N Z B A G L K W A P L E
O U A Y U P D R K D A A O B
D I S G R I F I A D B D G I
D N M Y X C D S R R A R J A
R Y C L H N H F L E F O N E
A R H Y T H M W S C W D L T
B F F U G L E N E L I D J H
T H E M A J Z N Y D V W F R
C A S G L I A D X D L R B Y
```

CYFATEBIAETH   ADRODDWR
DADANSODDIAD   CERDD
CHWEDL   BARDDONOL
AWDUR   ODL
CASGLIAD   NOFEL
DISGRIFIAD   RHYTHM
DEIALOG   ARDDULL
FFUGLEN   THEMA
TROSIAD   DRYCHINEB

37 - Nourriture #1

```
Z  T  S  U  F  E  M  M  S  U  D  D  O  J
O  A  I  D  U  Q  X  A  H  A  I  D  D  B
T  O  N  P  L  V  N  I  E  R  R  T  H  C
S  G  A  N  W  I  T  P  U  W  C  K  W  Q
D  M  M  T  O  C  D  D  S  S  Q  Y  H  N
B  H  O  N  R  O  R  Q  M  A  Y  T  V  H
G  E  N  O  J  F  O  R  U  O  L  B  P  L
R  Y  K  M  E  F  S  G  N  T  R  A  K  L
H  A  L  E  N  I  I  A  I  P  B  O  D  A
G  L  I  L  N  C  W  R  O  W  E  N  N  E
A  R  S  W  E  K  G  L  N  E  F  C  A  T
E  P  A  A  Q  G  R  L  O  R  J  X  P  H
Y  K  B  C  J  Z  U  E  G  C  P  A  S  J
C  I  G  V  S  Y  L  G  O  G  I  B  S  T
```

GARLLEG	MAIP
BASIL	UNION
COFFI	HAIDD
SINAMON	GELLYG
MORON	SALAD
LEMON	HALEN
SBIGOGLYS	CAWL
MEFUS	SIWGR
SUDD	TIWNA
LLAETH	CIG

38 - Jours et Mois

```
G D Y D D M E R C H E R E N
O D Y D D M A W R T H P N O
R W A N O I D Y D D S U L O
F D C V E C D T R Y X O U D
F Y A E B H D D E W H C A T
E D L Y R W Y M T I J O I H
N D E K I E D M I P S D D C
N L N B L F D E J S E M D G
A L D G L R S H V Y H W Y Y
F U R H B O A E K Q X I D B
F N N M C R D F H Y D R E F
M A W R T H W I A W S T X K
I D X N O H R N J M E D I D
R T J E S O N H T Y W A N A
```

AWST
EBRILL
CALENDR
DYDD SUL
CHWEFROR
IONAWR
DYDD IAU
GORFFENNAF
MEHEFIN
DYDD LLUN

DYDD MAWRTH
MAWRTH
DYDD MERCHER
MIS
TACHWEDD
HYDREF
DYDD SADWRN
WYTHNOS
MEDI

39 - Jardinage

```
B L O D A U B B U F D H L T
A B K F A D L B A R X A L Y
N Z W P S D O O H W P D E M
A V J R J W D T T S I A I H
L L D I Z A Y A E U B U T O
L O D D A S N N A T E C H R
R O Y D W N Q E G S L O D O
E G S O T I G G O S L M E L
B N Y Z S H T O W D T P R Y
O X W B Z Y X L Y H W O D S
U P H K S U Z I H Y N S N G
K R N T I B Z A R K E T J D
H W Y Z O Y W D A T Y W B Ŵ
M Y C F H V C N B N Z R L R
```

BOTANEGOL
TUSW
HINSAWDD
BWYTADWY
COMPOST
DŴR
RHYWOGAETHAU
EGSOTIG
DAIL
BLODYN

BLODAU
HADAU
LLEITHDER
CYNHWYSYDD
TYMHOROL
BAW
PRIDD
PIBELL
BERLLAN

40 - Entreprise

```
C I W M P N A S C U R J U T
C Y E L W C V U V N V H I R
C Y F X Z O T R A F O D P E
Y W L L K S G W B G X M A T
L Z S L O T A F D D Y W S H
L Y I A I G E M O N O C E I
I C O T Q D W H J X A N L B
D U P R W U E R L F F I E N
F F A T R I C B O J R J R D
C Y F L O G A I H Y Y V O A
C W M N I O T N W O G S I D
B U D D S O D D I A D F M S
G W E R T H U N W Y D D A U
N D D C D C Y T Y W S P E S
```

ARIAN	CYLLID
SIOP	TRETHI
CYLLIDEB	BUDDSODDIAD
SWYDDFA	NWYDDAU
GYRFA	ELW
COST	INCWM
CYFLOGWR	DISGOWNT
CYFLOGAI	TRAFOD
CWMNI	FFATRI
ECONOMEG	GWERTHU

41 - Activités

```
P Y S G O T A L E H I S D G
D A W N S I O I C I E H I W
P H P E G A R D D I O G D N
R Y D D P O S A U C K W D Ï
L J W D G C B Y C E K E O O
C A A M S E E G P R L R R X
F R N A R U M L Q A K S D X
R E E H V L T A F M D Y E P
X S L F M K H C U E W L B Y
I E L P F D U Y K G L L A E
R L R H L T D G W A U A U X
L P A P Z P A Y M L A C I O
M I D J I C F U M F C C J L
G W E I T H G A R E D D O N
```

GWEITHGAREDD   GEMAU
CELF   DARLLEN
CREFFTAU   HAMDDEN
GWERSYLLA   HUD
CERAMEG   PYSGOTA
HELA   PLESER
GWNÏO   POSAU
DAWNSIO   HEICIO
DIDDORDEBAU   YMLACIO
GARDDIO   GWAU

42 - Mode

```
G M L B F N A M O K S Y Q I
W E S L G M J R O M T L Z T
R S C K E C W Y D A C E Z U
E U Y I K I V G D D L D V E
I R M R A O A D R S U A U D
D I E C A I N F U Y T L C D
D A D G W E A D D M Y L L E
I D R W I D E P W L D I U M
O A O B O U T I Q U E D A O
L U L K R B Q P A T R W M D
B R O D W A I T H O P O Y E
C Y F F O R D D U S Q H T R
Y M A R F E R O L P I S O N
F F O R D D I A D W Y G B F
```

FFORDDIADWY   MODERN
BOUTIQUE   CYMEDROL
BOTYMAU   PATRWM
BRODWAITH   GWREIDDIOL
DRUD   YMARFEROL
CYFFORDDUS   SYML
LACE   ARDDULL
CAIN   TUEDD
MESURIADAU   GWEAD
LLEIAF   DILLAD

43 - Nourriture #2

```
V U N K I A A C Y W I Â R L
R E N T O N L F G N R C U I
A N A F J A A M A P E F R M
S M L A A N O S O L L I Q X
U C Z Z X A R A B N E H I P
B V K W V B I S E P S S W R
N R P Y S G O D E L C O I S
D S O I R I E C B H K T C W
W F H C R A D A M T H A M Y
U E Q N O Y Z V N I M M M O
Q F Q O D L P P F N B O A P
A F H I S S I E R E M T N K
Y B X G Z N I W N W A R G M
J S K G T N A L P G G E O F
```

ALMON	CIWI
EGGPLANT	MANGO
BANANA	WY
GWENITH	BARA
BROCOLI	PYSGOD
CEIRIOS	AFAL
SELERI	CYW IÂR
MADARCH	GRAWNWIN
SIOCLED	REIS
HAM	TOMATO

44 - Algèbre

```
F S E R O E P M A R G A I D
Y F P V L S G E A K T L U A
I L U X O S E L E T M O U R
G R I G R F S B W D R N H N
Z Q P U D M G O E R P I T W
D G F S I C M R O N G L C I
V C I B E T A B N Y S L M S
A U H A F A L I A D N W B C
P A R E N T H E S I S M M A
R O T C A F F Q S W Q A F R
G R A F F K S Z W E X I Z F
F F O R M I W L A N S N K F
S Y M L E I D D I O O T U Y
T Y N N U B E S J T U J M Q
```

DIAGRAM
HAFALIAD
FFACTOR
FFUG
FFORMIWLA
FFRACSIWN
GRAFF
ANFEIDROL
LLINOL
MATRICS

RHIF
PARENTHESIS
BROBLEM
MAINT
SYMLEIDDIO
ATEB
SWM
TYNNU
NEWIDYN
SERO

45 - Océan

```
L N P Z Q R E D D P M E M Z
M L L J S W P O T C O E O Y
T S Y D R E B L A S B Z R P
Y E S S I V A F B I J A F S
R M Q K Y J B F W A Y U I R
C R A N C W S I S W N A L L
R O N E G A O N N O D D I P
A T W L C W A D Q U O L L Y
I S I A U R Y X T J R K Y S
S I T H I E W M C W R E L G
V Y H P I T E B O H M L T O
W Y S T R Y S U A N N O T D
C W C H E S S L W N P I J H
S G L E F R O D M Ô R O W O
```

GWYMON	LLANW
LLYSYWOD	SGLEFROD MÔR
MORFIL	PYSGOD
CWCH	OCTOPWS
CWREL	SIARC
CRANC	HALEN
BERDYS	STORM
DOLFFIN	TIWNA
NODDI	CRWBAN
WYSTRYS	TONNAU

46 - Remplir

```
P U C H H J E C J T F K B F
O B D D E C O P A X X Y L F
T W A E S A V C N W L Y W O
E I K G C Ê S A I T E D C L
L T S S X X K R G H G L H D
M I J A X A U T F A P I L E
B A Z B Q D J O K M T Q A R
B A A A K C R N A B W J T H
N S S J A R S J E W Y W O T
G E H N P E C Y N R Ô R D W
A O D E C W B M T D L W X B
R L H L G U E B Q D O N N U
T P S M G A S G E N M C J U
J H C A X M Q I M V F S R X
```

TWB	PECYN
GASGEN	HAMBWRDD
BASN	POCED
BLWCH	JAR
POTEL	BAG
CAWELL	BWCED
CARTON	DRÔR
FFOLDER	TIWB
AMLEN	CÊS
BASGED	VASE

47 - Antiquités

```
A  R  W  E  R  T  H  I  A  N  T  D  D  D
Q  H  O  T  B  L  O  R  E  F  R  A  N  A
D  C  L  D  O  D  R  E  F  N  A  R  P  I
P  A  E  N  T  I  A  D  A  U  R  N  R  D
C  A  I  N  D  J  K  R  E  F  D  A  I  D
V  A  R  E  F  I  R  N  A  C  D  U  S  O
D  R  O  H  D  F  L  E  C  R  U  A  E  S
A  N  S  A  W  D  D  Y  A  B  L  R  R  D
H  G  M  R  L  M  K  L  S  I  L  I  H  D
W  L  W  C  E  R  F  L  U  N  N  A  X  U
E  B  I  E  W  F  L  O  S  T  L  N  P  B
A  L  O  N  R  U  D  D  A  F  F  J  A  C
V  K  K  V  H  T  X  M  Q  T  D  D  H  R
K  L  D  Y  A  M  H  T  I  A  W  M  E  G
```

CELF
DILYS
GEMWAITH
ADDURNOL
ARWERTHIANT
CAIN
ORIEL
ANARFEROL
BUDDSODDIAD
DODREFN

PAENTIADAU
DARNAU ARIAN
PRIS
ANSAWDD
ADFER
CERFLUN
CANRIF
ARDDULL
GWERTH
HEN

48 - Boxe

```
N E M H P E N E L I N K S T
P W Y N T I A U C B B M V K
G O L Z S O S M A C B B M V
C U F C O R F F N L P Y B Y
M K Y D S D Z D O O U U R M
A E C O R N E L L C A Ê E L
N L N I T C R F W H F E N A
A J O I C I C W R E F D A D
F L S O G N A D D R A B L D
I J T K F F O C W S H C H H
A A K M N U N I V Y R J L T
D O J P E O R A H S A H Y W
A G W R T H W Y N E B Y D D
U C R Y F D E R W X R C F G
```

GWRTHWYNEBYDD   CICIO
CANOLWR   ARDDANGOS
ANAFIADAU   CRYFDER
CLOCH   MENIG
CORNEL   ÊN
YMLADD   DWRN
FFOCWS   PWYNTIAU
RHAFFAU   CYFLYM
CORFF   ADFER
PENELIN

49 - Ballet

```
V U L O N N A I G E N Y M Y
Y M A R F E R R M D Z B W S
C D C W C R T G T T Q D D T
E W O D U Y H T L I R S N U
R Y R D N S H Y I F S K R M
D S E O A L U Y T C K T Z I
D E O S W G X U R H I C I H
O D G N D I M O U A M A S G
R D R A F D I E L L U N Y G
I D A F G O S G E I D D I G
A S F Y D A W N S W Y R C X
E R F C A R D D U L L U E H
T N I C E R D D O R F A V I
H T E A Y W D A R E M Y C S
```

CYMERADWYAETH   CYHYRAU
ARTISTIG   CERDDORIAETH
COREOGRAFFI   CERDDORFA
CYFANSODDWR   GYNULLEIDFA
DAWNSWYR   YMARFER
MYNEGIANNOL   RHYTHM
YSTUM   UNAWD
GOSGEIDDIG   ARDDULL
DWYSEDD

50 - Fruit

```
A  S  A  G  I  F  F  N  W  B  E  R  B  X
E  O  V  O  E  S  A  N  T  G  N  M  R  B
O  I  W  I  C  L  D  S  U  U  E  P  I  Q
O  R  E  N  X  N  L  H  C  A  E  P  C  G
D  I  O  G  N  A  M  Y  S  V  C  P  Y  M
A  E  G  T  E  S  A  Q  G  A  K  N  L  A
C  C  R  S  C  P  A  P  A  I  A  C  L  F
O  V  A  K  T  T  G  N  O  L  E  M  P  O
F  V  W  O  A  D  F  O  A  A  F  A  L  N
A  V  N  B  R  C  Z  M  A  N  U  E  B  N
I  Z  W  N  I  R  I  E  A  E  A  Z  L  R
L  N  I  A  N  M  G  L  G  K  R  B  D  V
T  R  N  O  E  L  T  U  Y  P  I  O  M  E
G  U  G  B  F  R  C  I  B  P  E  M  N  M
```

BRICYLL	MANGO
AFOCADO	MELON
AERON	NECTARINE
BANANA	OREN
CEIRIOS	PAPAIA
LEMON	PEACH
FFIG	GELLYG
MAFON	AFAL
GUAVA	EIRIN
CIWI	GRAWNWIN

51 - Musique

```
P O H C U B T U Y W R B K E
Y P A N O D A Y G L Q A R R
S E R V D F U R Q E F L N L
A R M Y N G N U D N W E J O
L A O M O A A O S D B D Z G
A R N J F J C Q D R O S I E
W H I R F Z J S Y I N N N N
C Y G L O R O D D R E C O Y
A T L P R D X W A T F E M L
N H V Z C C D N V V W P R E
W M H G I N Y R E F F O A T
R I C I E W W T E M P O H A
C G K S M W B L A C C E N Y
K B R H Y T H M T G V R B F
```

ALBWM	ALAW
BALED	MEICROFFON
CANU	CERDDOROL
CANWR	CERDDOR
COFNODI	OPERA
HARMONI	BARDDONOL
HARMONIG	RHYTHM
OFFERYN	RHYTHMIG
TELYNEGOL	TEMPO

52 - Météo

```
A W Y R G Y L C H Y S H W T
G W Y N T M Y W H G Y I S A
E T Y M H E R E D D C N W R
U N P A W E L O Q W H S S A
P Ŵ F P L V D Y T I E A M N
Q S S Y N O F L S S X W Q A
U N J V S E X O J G C D X U
S O Z A B S A N J T O D S C
M M N G Z Z L N J A W Y Y F
C R V T O R N A D O H Q C C
D A W E L Y E F N K W A H W
K L T N Y W R O C I X Y D M
M O C G T A K R B L W E E W
B P C K J I Â T D T U L R L
```

ENFYS   CORWYNT
AWYRGYLCH   POLAR
AWEL   SYCH
NIWL   SYCHDER
DAWEL   TYMHEREDD
AWYR   STORM
HINSAWDD   TARANAU
IÂ   TORNADO
MONSŴN   TROFANNOL
CWMWL   GWYNT

53 - L'Entreprise

```
T C C Y N N Y D D R U B H P
U Y C Y N N Y R C H N U D R
E F B Y D E A N G U E D I O
D L E P O V D J R A D D W F
D O U N A X P M M D A S Y F
I G Z G I G Q I H D U O D E
A A C R E A D I G O L D I S
D E R B E M B C N N O D A I
A T M E U N G P M D S I N Y
U H C W F S W Y N A E A T N
K F G M Z E N D J X O D F O
V A H Z A K N E A R L W H L
R I S G I A U I S I R O J T
A N S A W D D V W F A Z H D
```

BUSNES
CREADIGOL
CYFLOGAETH
BYD-EANG
DIWYDIANT
ARLOESOL
BUDDSODDIAD
CYNNYRCH
PROFFESIYNOL

CYNNYDD
ANSAWDD
ADNODDAU
REFENIW
ENW DA
RISGIAU
TUEDDIADAU
UNEDAU

54 - Gouvernement

```
A A H G Q S S R O B C W G F
D N Y G O I Y H R N Y L C C
C E N X M F M Y P D F A Y Y
H E M I H I B D T I I D F F
A D N O B L O D F C A W A R
W B O E C Y L I D O W R N A
L G L Q D R N D E N N I S I
I C H B H L A I V Y D A O T
A J C E S O A T A D E E D H
U Q Y N O J B E I E R T D A
W L D E N E C G T A T H I R
U H D H T I A R A H E H A D
H T E A D O F A R T O T D A
H A H B A R N W R O L L H L
```

SIFIL
CYFANSODDIAD
DEMOCRATIAETH
ARAITH
TRAFODAETH
ARDAL
HAWLIAU
WLADWRIAETH
ANNIBYNIAETH

BARNWROL
CYFIAWNDER
RHYDDID
CYFRAITH
HENEB
CENEDL
CENEDLAETHOL
HEDDYCHLON
SYMBOL

55 - Randonnée

```
H A H K Q E P A R C I A U N
I N A A Y S M Y N Y D D D M
N I U V W G C E R R I G Ŵ F
S F L I M I U S R Q O R R P
A E Z B A D Z H U G T K I Z
W I T G P I T Q S B A I Z I
D L Q R Q A L L Y S R E W G
D I W R W U L P T I A U K I
N A F D C M Y B G Y P F H D
A I R C X J W K D K Z C D E
T D Y B U D G T Y W Y D D N
U Y P E R Y G L O N T C U I
R C C L O G W Y N B V G Q L
C A N L L A W I A U N D S F
```

ANIFEILIAID
ESGIDIAU
GWERSYLLA
MAP
HINSAWDD
PERYGLON
DŴR
CLOGWYN
FLINEDIG
CANLLAWIAU

TRWM
TYWYDD
MYNYDD
NATUR
PARCIAU
CERRIG
PARATOI
GWYLLT
HAUL

56 - Art

```
C E R F L U N S H H D M Q S
N I U X V A D B Y Z N L Y Y
W T G B I I H A U M L O G M
P A I B Y L T N E O L N Z B
C B F M K Y M T R R Y O N O
D C F M Y W Y D C S T S I L
D A C G Y H X N F F S R L S
P C N Q Z N V M G F E E O N
H T E A L A E R W S N P D P
U R Y R E A Q G A B O K Y R
C Y M H L E T H I P Q I R O
Z C E R A M I G M A Z I B X
G W R E I D D I O L N W S Y
P A E N T I A D A U Z T Y Y
```

CERAMIG
CYMHLETH
CREU
PORTREADU
MYNEGIANT
FFIGUR
ONEST
HWYLIAU
YSBRYDOLI

GWREIDDIOL
PAENTIADAU
PERSONOL
CERFLUN
SYML
PWNC
SWREALAETH
SYMBOL

57 - Nutrition

```
C D Q P N I M A T I F T P A
N Y W N E W G N E N I N R R
G U T U Y S B E I S Y S O C
S A L B Z W A R E H Y E T H
C S L X W W U I D H Q E E W
J Y T O W Y E I A K N J I A
X W O Z R D S B P C F F N E
S P G G E Ï W D E W H P A T
E X J Y W D A T Y W B S U H
S E P R H O S U S E L P E E
G N R L C H Y L I F A U F G
A N S A W D D I E C H Y D Q
C A R B O H Y D R A D A U Z
M I Y R T R E U L I A D V L
```

CHWERW   HYLIFAU
ARCHWAETH   PWYSAU
GALORÏAU   PROTEINAU
BWYTADWY   ANSAWDD
DEIET   IACH
TREULIAD   IECHYD
SBEISYS   SAWS
CYTBWYS   BLAS
EPLESU   GWENWYN
CARBOHYDRADAU   FITAMIN

58 - Créativité

```
Y A B U D D S O D D I D R D
U S R S Y N I A D A U R Z F
A R B T Q M K D S L K A K L
D W Z R I G Q W H M H M S D
A O U H Y S R N I I Z A D I
L V W T J D T E G E N T E L
M V X Q T M O I D T T I L Y
I N V T H D V L G D P G W S
E G L U R D E R I Y F V E R
T N A I G E N Y M A E N D W
U A N Y I S O M E B E R D Y
K Q G Y M Y H C Y D I T Q D
P O E R Y W S Q C P L S H D
A K U R B D D E F I L Y H R
```

ARTISTIG   DELWEDD
DILYSRWYDD   DYCHYMYG
EGLURDER   YSBRYDOLIAETH
DRAMATIG   DWYSEDD
MYNEGIANT   GREDDF
EMOSIYNAU   BUDDSODDI
HYLIFEDD   TEIMLAD
SYNIADAU   TEIMLADAU

59 - Science Fiction

```
G D T S G R B V O Q T D E W
W Y E E G O Z Y P W K Y I R
Y C C N V B V F D P T F T E
C H H A T O Z K W Q B O H A
H M N R I T T Y O C B D A L
F Y O I W I L D W E D O F I
Q G L O U A R F Y L L O S
R O E O B I O B Y C E A L T
H L G I Z D L W P A G I A I
K Q S N V T E Q T R R D I G
A T O M I G Â N H O I D P A
K S I N E M A N A M D Y O M
R H I T H U A G A L A E T H
F F R W Y D R A D S B O U U
```

ATOMIG	LLYFRAU
SINEMA	BYD
FFRWYDRAD	DIRGEL
EITHAFOL	ORACLE
GWYCH	BLANED
TÂN	REALISTIG
DYFODOLAIDD	ROBOTIAID
GALAETH	SENARIO
RHITH	TECHNOLEG
DYCHMYGOL	UTOPIA

60 - Professions #1

```
C R G C Y F R E I T H I W R
D E R W G E R A E A D P Y L
I H R Q Y I W Z F Z M I H L
F P W D P D D H N E A Y Y
F A I D D N D P N D D N F S
O R C Y D O Y O D D D Y F G
D G N G Y S R Y N D Y D O E
D O A E G P E C J Y G D R N
W T B L Y T S D H M D J D N
R R P O L Y J B U E B D D A
T A L C O M T P F G L U W D
Â C T I G P L Y M W R W R J
N B J E D A W N S I W R Y A
O Z A S M I L F E D D Y G R
```

LLYSGENNAD
SERYDDWR
CYFREITHIWR
BANCIWR
GEMYDD
CARTOGRAPHER
HELWYR
DAWNSIWR
HYFFORDDWR
GOLYGYDD

DAEAREGWR
NYRS
MEDDYG
CERDDOR
PIANYDD
PLYMWR
DIFFODDWR TÂN
SEICOLEGYDD
GWYDDONYDD
MILFEDDYG

61 - Géologie

```
C R E S Y E G Y L D H H X S
R T I F M W Y N A U G A N T
I O K D F D C E Y O S E P A
S J M P N V V L U K D N V L
I F I S T A L A C T I T E A
A O O T V F F H O H S Z G G
L G E R R A C Y G M A F W M
A O P A W L Z Y C W P F A I
U T A W L I S I F I A O S D
E I A C J D C T L S R S T A
U B K W X C W R E L T I A U
W Y L P D S X W J A H L D W
V C J M U D Y C R C I A Q I
L L O S G F Y N Y D D U Y J
```

ASID
CALSIWM
OGOF
CYFANDIR
CWREL
HAEN
CRISIALAU
TAWDD
FFOSIL
GEYSER

LAFA
MWYNAU
CARREG
GWASTAD
CWARTS
HALEN
STALACTITE
STALAGMIDAU
LLOSGFYNYDD
PARTH

62 - Cirque

```
U K L N I W E D C T L M Z G
N C F W E L L A E E P P T W
A C R O B A T N R I B A T I
D F T L N S N I D G K B O S
D X D C D H A F D R Y E C G
I K Q O U U F E O T L L Y O
D I U G H D F I R N F L N E
X Q J Y S R I L I S I O E D
D T I B O W L I A T P M E D
M B G I Z L E A E G A R L O
I W A B R G Y I T L R X C D
J B N Z R W S D H Q R H P W
O H T C A I G W Y L I W R M
Y L G O I S B A L W N A U G
```

ACROBAT	DEWIN
ANIFEILIAID	HUD
BALWNAU	SIOE
TOCYN	CERDDORIAETH
CLOWN	RHODFA
GWISGOEDD	MWNCI
DIDDANU	GWYLIWR
ELIFFANT	PABELL
SIWGLWR	TEIGR
LLEW	

63 - Jardin

```
M L Y F R Q O P J Q L M C W
Y A T X Z X I R G P B T R E
C L I I G L A S W E L L T G
P H K N S B F O A F F E N S
I O W H C R F X H G M H M L
B R E Y A D D D R A G Z U L
E P V B N M C Y N T E D D W
L W K O C R M P R I D D O Y
L L T N W A L O U P O Y G N
O L E R H A C A C A U K J W
B Z R B L O D Y N K S P K R
E X A U W J E R A G M L N X
D C S N Î L O P M A R T C S
T H J L J W C W I N W Y D D
```

COED	CHWYN
MAINC	RHAW
LLWYN	LAWNT
FFENS	CYNTEDD
PWLL	RHACA
BLODYN	PRIDD
GAREJ	TERAS
HAMMOCK	TRAMPOLÎN
GLASWELLT	PIBELL
GARDD	WINWYDD

64 - Santé et Bien Être #1

```
T H E R A P I R G M O I Y M
G L O D E R H T I E W G M E
Z J V D A E O I I D X F L D
C A Y L V R S I C D O A A D
E S G Y R N G C M Y C A C Y
X T I Y E Y O Z Y G Y T I G
X X N R D W N K F H A M O A
F I I T H E L I K X Y L P E
L K L T C N C R O E N R K T
T R C M U A T G Y R C H A H
F F E R Y L L F A G K M C U
A N I F H O R M O N A U T X
N I B V R T W Y L L V P H U
A M J P B A I R E T C A B F
```

GWEITHREDOL
BACTERIA
ANAF
CLINIG
NEWYN
TWYLL
ARFER
UCHDER
HORMONAU
MEDDYG

MEDDYGAETH
CYHYRAU
ESGYRN
CROEN
FFERYLLFA
OSGO
YMLACIO
ATGYRCH
THERAPI

65 - Barbecues

```
N D F F W E E S T B D U E Z
E E M L F Y L A O Z H A F P
L D W L A Y G W M H X D V B
A M H Y T D R S A R S A V Y
H C U L N N G C T L P L N H
T H I L A D R Q O Q D A H B
V E J Y L P Q X S H P S D E
X D B C P R O L L Y S I A U
G R I L Q Â P E Q Z U D K Y
S Y R T H I O N T P U P U R
G A W I W W Q E M H P Z L P
K E F H T Y W R F F S K U C
O O I N I C B L D U A M E G
E N C E R D D O R I A E T H
```

POETH
CYLLYLL
CINIO
PLANT
HAF
NEWYN
TEULU
FFYRC
FFRWYTH
GRIL

GEMAU
LLYSIAU
CERDDORIAETH
SYRTHION
PUPUR
CYW IÂR
SALADAU
SAWS
HALEN
TOMATOS

66 - Animaux de Compagnie

```
C N R J H V R Q F E H R G C
C W S G C O Q E L R V D D R
V A N O A P A R X O O F E W
T T Y I B I H X F W S F N B
D O C I N N O F F N Y C N A
U F A N Ŵ G J K H M U I Y N
G A T B C E E F A A L A N O
A H H P G H A N M D L D Ŵ R
F C T G Y C P L S F Y Y F B
R W O K D S V K T A G W C V
M U R L S J G L E L O B G R
I B A E E T N O R L D Y V W
Y X P E U R T C D T E U D W
C R A F A N G A U J N K J E
```

CATH
GAFR
CI
CŴN BACH
COLER
DŴR
CRAFANGAU
HAMSTER
DENNYN

CWNINGEN
MADFALL
BWYD
PAROT
PYSGOD
CYNFFON
LLYGODEN
CRWBAN
BUWCH

67 - Forêt Tropicale

```
K H W B O T A N E G O L R N
P A R C H A R K V H O G L A
L C A D W R A E T H J O E T
C Y M U N E D R D L H S Z U
G S L C D E F Y R P I W A R
Z E O X K I S Z J M L M D J
R H Y W O G A E T H A U F Y
A C Q Q W C H I E F J G E N
D O F M G A Y Y B T R M R G
A L X K F B S M Z I F S W L
I L D I N E H N Y C F N L Y
M A M A L I A I D L M F W R
T H T E A I W Y R M A G M O
G W E R T H F A W R E U W A
```

AMFFIBIAID
BOTANEGOL
CYMUNED
AMRYWIAETH
RHYWOGAETHAU
CYNHENID
PRYFED
JYNGL
MAMALIAID

MWSOGL
NATUR
CYMYLAU
ADAR
GWERTHFAWR
CADWRAETH
LLOCHES
PARCH
ADFER

68 - Ferme #1

S	B	V	T	T	D	N	X	M	M	O	O	T	S
H	U	N	W	Y	L	M	J	M	O	R	Ŵ	D	E
F	F	A	N	T	R	F	A	G	C	Â	R	H	Y
W	F	R	N	T	I	E	K	F	H	I	X	T	E
D	F	E	J	K	A	L	I	A	Y	W	E	I	L
M	D	V	N	D	W	W	C	S	N	Y	S	A	L
B	O	I	R	S	G	Z	F	D	Y	C	Q	T	O
S	X	O	A	L	Z	M	M	I	N	N	Â	R	F
S	Y	L	S	D	W	G	A	C	E	O	M	W	N
B	M	C	M	U	E	E	E	A	W	S	O	G	L
C	E	F	F	Y	L	L	S	T	G	I	F	F	Z
U	L	U	E	I	P	R	L	H	S	B	C	B	T
B	U	W	C	H	O	N	S	B	M	Ê	L	W	X
N	T	Z	R	M	E	J	Q	L	W	B	P	P	Y

GWENYN	FRÂN
ASYN	DŴR
BISON	GWRTAITH
MAES	GWAIR
CATH	MÊL
CEFFYL	CYW IÂR
GAFR	REIS
CI	DDIADELL
FFENS	BUWCH
MOCHYN	LLO

69 - Escalade

```
A Y C H A Z Z M I Q E I H C
W L A H S P W P E Z X B Y H
Y O N R E N C K Z N Y R F W
R R L C T R X Z U N I W F I
G O L Y P E I N O T P G O L
Y F A N A D L A A Q H I R F
L F W Z M H G L U R E N D R
C R I Z E C H T I R L E D Y
H O A P S U E U Y Y M B I D
M C U A I D I G S E C R A E
R E D F Y R C L B G U A N D
U J N L O V I P W I L G T D
M I P M O G O F D A O G X A
S E F Y D L O G R W Y D D T
```

UCHDER
AWYRGYLCH
ANAF
ESGIDIAU
MAP
HELM
CHWILFRYDEDD
HERIAU
ARBENIGWR
CUL

CRYFDER
HYFFORDDIANT
MENIG
OGOF
CANLLAWIAU
CORFFOROL
HEICIO
SEFYDLOGRWYDD
TIR

70 - Café

```
P S H D I O D L G O R A C D
Y W O U A E D C L O Ŵ T W F
K K D C F S U Z Y A D Q L T
K S A H G E I K U V E H Y U
P E P W D R N D A X W T W Z
L N F E P O A F I W R E H X
Q L L R R B P G D G H A M H
F R G W I S W R H N O I V C
B L A S S I C W Q C S W D A
H I D L O H Y L I F T Y E F
E C V X F U M F J C S R Q F
N R R L H L T V W E M M F E
Y E U X J D A I D D R A T I
V I V D L L U X U L A M Z N
```

ASIDIG
CHWERW
AROGL
DIOD
CAFFEIN
HUFEN
DŴR
HIDLO
LLAETH
HYLIF

BORE
MALU
DU
TARDDIAD
PRIS
RHOST
BLAS
SIWGR
CWPAN
AMRYWIAETH

71 - Antarctique

```
F E L P E N R H Y N A T M C
I Y O B A R E T Y C M Y O A
Â K N O B L O I F Y G M R D
B H O Y Q T A A K F Y H F W
P K D Q S R N D M A L E I R
O A D E Q O O M U N C R L A
D C Y V C N E U D D H E O E
Ŵ L W A L E D D O I E D D T
R Y G Q L O Y F D R D D X H
U A N Y W M G N O I D P W T
K U D D Y L I W H C M Y X Z
L C T A C R E I G I O G D B
R H E W L I F O E D D D T C
D A E A R Y D D I A E T H T
```

BAE
MORFILOD
YMCHWILYDD
CADWRAETH
CYFANDIR
DŴR
AMGYLCHEDD
DAITH
DAEARYDDIAETH
IÂ

RHEWLIFOEDD
YNYSOEDD
MUDO
MWYNAU
ADAR
PENRHYN
CREIGIOG
GWYDDONOL
TYMHEREDD

72 - Professions #2

```
L G A R D D W R V N I D B F
C L D Y F E I S I W R A Q F
D D Y L I W H C M Y N R V O
F D V F O P E I L O T L K T
V Y J X R W D O F O G U B O
W H H J H G Y D D E M N B G
G T T O T E E L S J O Y D R
M I Y A A S T L H T Z D I A
P E I N T I W R L U B D T F
B I O L E G Y D D Y P Y E F
L L A W F E D D Y G D Y C Y
A T H R O N Y D D B Y D T D
P E I R I A N N Y D D B I D
D E I N T Y D D S S L F F P
```

GOFODWR
LLYFRGELLYDD
BIOLEGYDD
YMCHWILYDD
LLAWFEDDYG
DEINTYDD
DITECTIF
ATHRO
DARLUNYDD

PEIRIANNYDD
DYFEISIWR
GARDDWR
IEITHYDD
MEDDYG
PEINTIWR
ATHRONYDD
FFOTOGRAFFYDD
PEILOT

73 - Les Abeilles

```
A  B  I  G  G  M  C  Y  P  T  H  W  O  L
M  R  K  H  A  L  N  S  D  C  A  F  E  A
R  E  H  T  Z  R  Y  O  S  N  I  N  M  F
Y  N  C  Y  F  H  D  B  E  N  D  Y  W  B
W  H  V  W  A  D  O  D  C  O  W  Z  D  N
I  I  H  R  Y  T  L  L  O  I  D  D  U  B
A  N  V  F  P  R  B  L  S  G  D  I  N  F
E  E  N  F  Z  Y  P  I  Y  I  K  S  K
T  S  D  A  F  X  D  A  S  H  N  B  Y  K
H  C  W  C  H  V  X  P  T  N  E  T  Z  R
B  L  O  D  A  U  P  H  E  A  D  F  S  H
Y  G  Ê  K  D  J  G  W  M  L  A  R  C  A
Q  W  Q  M  V  P  E  K  O  P  X  J  O  U
P  R  Y  F  E  D  C  Y  N  E  F  I  N  L
```

ADENYDD	CYNEFIN
BUDDIOL	PRYFED
CWYR	GARDD
AMRYWIAETH	MÊL
HAID	BWYD
ECOSYSTEM	PLANHIGION
BLODYN	PAILL
BLODAU	BRENHINES
FFRWYTH	CWCH
MWG	HAUL

74 - Santé et Bien Être #2

```
A C X M H C A I X C I D X H
Y S B Y T Y B W T B G N C G
G P A D E A W G H M T X Q F
E J D D A D E D U A S Y W P
M Q F E W G Q C I U I C C Z
O D E G H Y N N I F Q N H U
T N R R C U D W X I F G T J
A E I E R I F B K U F Y Y X
N A J L A G E N E T E G G L
A R O A Y R U C I R O L A C
S T D D W T B M A E T H I O
U S P Q P X A L I H I V N R
H Y L E N D I D Y F E L C F
F V T F W I T N I M A T I F
```

ALERGEDD	HAINT
ANATOMEG	CLEFYD
ARCHWAETH	TYLINO
CALORI	MAETH
CORFF	PWYSAU
DIFFYG	ADFER
YNNI	IACH
GENETEG	GWAED
YSBYTY	STRAEN
HYLENDID	FITAMIN

75 - Conduite

```
K N I Y T V V G H G P T I C
C A R C D R U A I C E R B E
U O H K T A W L X R C A Z R
C X F P L Y M Y W K Z F M D
T A N W Y D D W D C N F O D
D Q O S I C H N A D L I D W
I T K H B Y E L L I E G U Y
O F M M M F D R A B N D R R
G L Y Z K L D V Y Z N D I D
E G O K R Y L M U I W R T Q
L Y O R X M U Q V X T O P V
W R U U I D F W C J R F G T
C E T I J E R A G D L F G N
H P A M N R C L U D I A N T
```

DAMWAIN   CERDDWYR
LORI   HEDDLU
TANWYDD   FFORDD
MAP   DIOGELWCH
PERYGL   TRAFFIG
BRECIAU   CLUDIANT
GAREJ   TWNNEL
NWY   CYFLYMDER
TRWYDDED   CAR
MODUR

76 - Plantes

```
L X B U Z G I W D E O C D G
D D F A T W W S P I R R A L
D D E U M K D R X L Y C I A
A R O L F B L O T S B D L S
E A L I O Y Ŵ H Z A G A M W
R G R W T R T Q B E I Z F E
O N E V S T C O E D F T E L
N Y W L L A T E P D F Q H L
L L Y S I E U E G I A B O T
G K A M W G T A T A V L E W
O S T Q E G B W W R P O W W
S P D M J W A Q V W A D G K
W E I D D E W F W G Q Y P C
M C A C T U S R K Z E N Q N
```

COED   COEDWIG
AERON   TYFU
BAMBŴ   FFA
LLYSIEUEG   GLASWELLT
LLWYN   GARDD
CACTUS   EIDDEW
GWRTAITH   MWSOGL
DAIL   PETAL
BLODYN   GWRAIDD
FLORA

77 - Ferme #2

```
F F E R M W R X R K I U C S
F F R W Y T H B W Y D D V S
J H P I N Q V N L A X P L J
A N I F E I L I A I D V O D
Z G U N B I B Y S G U B O R
L L A E T H B U G A I L Ô D
D B H W I S C O R N W N G C
H E R L A M A W Q I J A W I
W H F L L Y S I A U D L E G
Y A Y A G T N R M E U L N O
A I D O I T R A C T O R I E
D D U L V D W E K V T E T N
E D Z I L D S U B C Z B H E
N A E D D F E D C Y Z U N E
```

CIG OEN
FFERMWR
ANIFEILIAID
BUGAIL
GWENITH
HWYADEN
FFRWYTH
YSGUBOR
DYFRHAU
LLAETH

LAMA
LLYSIAU
CORN
DEFAID
AEDDFED
BWYD
HAIDD
DÔL
TRACTOR
BERLLAN

78 - Vacances #2

```
R G M J V W K P A M B X O C
V X H A F N V K A V Y H B Y
Q M A J E E W Q S B N O M R
Y T Y W B S K Y I P E R Ô C
T N Y N Y S A Z F B K L R H
S A T A I T H W J Q U K L F
E I M L X Q I M Y W Y V P A
W D F H C H I H M R K Q A N
G U Q T E H A M D D E N S T
G L K E V U A I L Y W G B R
E C E A I Q O F I Z N K O A
E V T R X S D N Ê R T Z R M
B I S T G O T A C S I Q T O
W T O R G W E R S Y L L A R
```

MAES AWYR	TRAETH
GWERSYLLA	BWYTY
MAP	AMHEUON
CYRCHFAN	TACSI
TRAMOR	PABELL
GWESTY	TRÊN
YNYS	CLUDIANT
HAMDDEN	GWYLIAU
MÔR	FISA
PASBORT	TAITH

79 - Temps

```
X Z W R Y N L B R N B B D M
A R Ô L C N Y D D Y W L B Z
Q N A O C Y F X M Y A Y M I
N O W D W C E U Y S C N I L
N X Z O E D E N A K S Y S N
L Q M F H D R O A N S D A V
Y W K Y G Y O S D F G D W A
M Y N D G D B D Y D D O R U
Q T L W U R U S N N K L A C
R H C A L E N D R K A K N L
V N P G Q N M U N U D W J O
X O S E B N C A N R I F R C
K S W D J A A P N H E K D A
J G X S D H L Q W E I O Z V
```

BLWYDDYN
BLYNYDDOL
AR ÔL
CYN
YN FUAN
CALENDR
DEGAWD
DYFODOL
AWR
DDOE

CLOC
DYDD
NAWR
BORE
HANNER DYDD
MUNUD
MIS
NOS
WYTHNOS
CANRIF

80 - Maison

```
Z  B  M  B  U  W  U  C  L  R  X  P  L  B
S  H  J  A  P  M  A  L  L  T  W  A  L  Z
H  G  H  T  Z  E  R  L  E  S  E  X  E  P
G  I  C  V  P  Y  S  J  T  E  N  O  G  G
G  A  Y  H  J  I  D  K  Â  N  O  F  R  A
G  A  R  G  K  D  I  S  N  E  F  F  F  R
B  S  D  D  W  F  N  E  N  F  A  Z  Y  E
C  A  F  G  D  Y  S  T  A  F  E  L  L  J
E  O  N  D  K  C  W  C  A  W  O  D  L  Y
G  Z  J  A  C  M  R  I  R  S  T  C  F  H
I  A  R  K  D  D  D  Q  A  K  T  C  Y  W
N  G  U  E  V  L  Y  G  T  U  C  L  X  J
V  S  G  T  B  C  H  L  I  N  N  E  L  L
A  L  L  W  E  D  D  I  G  S  T  L  P  K
```

BANADL	ATIG
LLYFRGELL	GARDD
YSTAFELL	LAMP
LLE TÂN	DRYCH
ALLWEDDI	WAL
FFENS	NENFWD
CEGIN	DRWS
CAWOD	LLENNI
FFENESTR	RUG
GAREJ	TO

81 - Légumes

```
N D Z O I X S I N S I R A J
P S X M C B G I W H C Z B S
B E O J T C I W C Y M B R B
P J R H N O R O M B H K Y I
W N D S A S E L E R I A R G
M S V I L O C O R B U J M O
P N O D P I A M X T L D A G
E G T A G O I S I T R A D L
N U A R G Y L G U P N L A Y
C N M R E O D F W L M A R S
F I O V L Y L Z L Y W S C Y
Z O T Z V L K A W F M H H P
I N Q Y H L E S R C S O D W
O L E W Y D D G H A A M N F
```

GARLLEG	SBIGOGLYS
GWYMON	SINSIR
ARTISIOG	MAIP
EGGPLANT	UNION
BROCOLI	OLEWYDD
MORON	PERSLI
SELERI	PYS
MADARCH	RADISH
PWMPEN	SALAD
CIWCYMBR	TOMATO

82 - Famille

```
N Q T G X M O D R Y B E M P
H A Y A T L I G W F B H A L
Y K I K I C Y W F E L T M A
N J R N M D D R Ŵ G E I A N
A M U M Y O M A F G W N U T
F P G Y F D J I T F Y Y D N
I Q P P O N M G P L T T A S
A V G X R Y M L Y G H N T P
D M I K E T A Y H C R E M D
B R A W D N P S L L E L P M
O T M H N E P P K L A P J T
X A T N F L O D A T W C F M
R U Y S E P T W H Q H M R S
V I A G C M X D K R C R P O
```

HYNAFIAD
CEFNDER
PLENTYNDOD
PLENTYN
PLANT
GWRAIG
MERCH
BRAWD
NAIN
TAID

GŴR
MAMAU
FAM
NAI
NITH
EWYTHR
TADOL
TAD
CHWAER
MODRYB

83 - Oiseaux

```
L G A R N O K G O V P K N H
S K I L K Y K Ŵ H W U J U W
P E N G W I N Y P X L P P Y
E L O Â K I M D E A D L A A
Q A C G R K A D S D U S R D
A H I U W F Q J T O N N O E
H R C A V Y W C R N H K T N
A L A R C H L O Y N T C I Z
Y K R Y Ë R C A S E W H X Z
A D E R Y N U Y N M C Q X T
F T U E N U N G U O A V L X
C Y W I Â R G Z N L N T L I
C O L O M E N V G O G O R K
P E L I C A N X D C X K V W
```

ERYR	ADERYN
ESTRYS	GWYLAN
HWYADEN	WY
CICONIA	GŴYDD
COLOMEN	PAUN
FRÂN	PAROT
GOG	PELICAN
ALARCH	COLOMENNOD
CRËYR	CYW IÂR
PENGWIN	TWCAN

84 - Disciplines Scientifiques

```
F  F  I  S  I  O  L  E  G  B  M  M  M  I
D  G  E  L  O  N  W  I  M  I  E  D  I  E
D  Q  I  P  N  E  H  E  Q  O  T  X  T  I
W  C  P  A  M  C  D  T  Y  C  E  B  H  T
A  N  I  W  R  O  L  E  G  E  O  I  T  H
L  R  R  L  E  T  W  G  B  M  R  O  E  Y
G  M  C  O  A  Z  A  P  R  E  O  L  A  D
N  E  E  H  B  M  H  N  O  G  L  E  I  D
Y  C  P  A  A  O  G  J  A  M  E  G  D  I
W  A  Z  E  M  E  T  R  T  T  G  A  D  A
M  N  M  T  G  E  O  E  N  S  O  J  Y  E
G  E  R  A  E  A  D  L  G  R  I  M  R  T
E  G  C  E  M  E  G  G  E  L  O  C  E  H
S  E  I  C  O  L  E  G  A  G  Z  B  S  G
```

ANATOMEG
ARCHAEOLEG
SERYDDIAETH
BIOCEMEG
BIOLEG
CEMEG
ECOLEG
DAEAREG
IMIWNOLEG

IEITHYDDIAETH
MECANEG
METEOROLEG
MWYNGLAWDD
NIWROLEG
FFISIOLEG
SEICOLEG
ROBOTEG

85 - Émotions

```
C Y D Y M D E I M L A D N S
R H Y D D H A D R P B U O J
C A R E D I G R W Y D D B L
H C W D D Y N O L L E W A D
C W B C D M N X P O Q U S C
S Y X A I R R E T C I D Y A
M G N F D H M D W S I I N R
E Y E N O A T K Y A V D U
F A H C W R E N Y T L H O N
H O G E O Y E C Y N X L D I
I L D A F U S H E D D W C H
I F F L N D I O L C H G A R
Z P Y D O D I F L A S T O D
H Y L L O N E D D M A H U G
```

CARU	OFN
DAWEL	DIOLCHGAR
DICTER	RHYDDHAD
CYNNWYS	FODLON
HAMDDENOL	SYNDOD
DIFLASTOD	CYDYMDEIMLAD
CAREDIGRWYDD	TYNERWCH
LLAWENYDD	LLONYDDWCH
HEDDWCH	

86 - Univers

```
O C O S M I G I B W P L L K
F R H E M I S F F E R L L A
A M B E T A C W F W X E E C
G W D I G A L A E T H D U Y
W S Y P T L T H K F K R A H
E I D R A L O S Y X I E D Y
L D Z W G W J Z F D D D W D
A Y O D Y Y O L E W R O G E
D D P D B T L F T L Q E H D
W D X Y A A A C S P C V D D
Y H Q R A T P P H R U E O V
N H T E A I D D Y R E S O T
P O G S E L E T A W Y R L Y
T Y W Y L L W C H I S I F F
```

SERYDDWR   HYDRED
SERYDDIAETH   LLEUAD
AWYRGYLCH   TYWYLLWCH
AWYR   ORBIT
COSMIG   SOLAR
CYHYDEDD   ATEB
GALAETH   TELESGOP
HEMISFFER   GWELADWY
GORWEL   SIDYDD
LLEDRED

87 - Géographie

```
A R C T I R I O G A E T H A
S F M E S U M W M P D B Q T
Z P O E F T G W Z M F F A L
R C I N V N A I D I R E M A
H M X V N H F S Y N Y G F S
A U C H D E R O B G U O V C
N W O J D W E U R O W G L Y
B X W N Y E F L R R L L A F
A E R Z N D F L U L J E E A
R M U W Y D S E K L S D Y N
T W Ô P M I I D W E K D M D
H H T R V N M R O W M A P I
G W L A D A E E L I R Z L R
J W B C N S H D Y N K M R B
```

UCHDER	BYD
ATLAS	MYNYDD
MAP	GOGLEDD
CYFANDIR	CEFNFOR
AFON	GORLLEWIN
HEMISFFER	GWLAD
YNYS	RHANBARTH
LLEDRED	DE
MÔR	TIRIOGAETH
MERIDIAN	DINAS

88 - Danse

```
M Y N E G I A N N O L M T D
C E R D D O R I A E T H R I
S Y M U D I A D Z M J T A W
Q U E Q I M E D A C A Y D Y
H Z J Z F L E C Z L P H D L
V D G T F Y M A R F E R O L
L T T N A I L L Y W I D D I
O L M A R P A R T N E R I A
R O A F G E M O S I W N A N
U S B W O P C M H H J D D N
S G U J E Y Z O G R A S O O
A O P K R N R E R B O D L L
L Y G C O D Q B Y F W F H C
C T D V C G Y Q T R F S J K
```

ACADEMI
CELF
COREOGRAFFI
CLASUROL
CORFF
DIWYLLIANT
DIWYLLIANNOL
MYNEGIANNOL
EMOSIWN

GRAS
LLAWEN
SYMUDIAD
CERDDORIAETH
PARTNER
OSGO
YMARFER
RHYTHM
TRADDODIADOL

89 - Bâtiments

```
P D H N D A R K R Q B N Y L
D A N H C R A F H C R A S A
S V B N Z G V J S W T B G B
Z G B E X T W D U Y A A U O
V T W R L D T E N D E C B R
M J F C H L C R S H H Z O D
A R S Y L L F A F T T C R Y
S I N E M A U U F I Y A W A
M B M J N R V L L E T S A C
A F D D E U G M A W V D D U
N V C G D R B A T G V O N R
F F A T R I A Y S B Y T Y K
S T A D I W M G X M Y C O V
P R I F Y S G O L O G S Y J
```

FFLAT
GWEITHDY
CABAN
CASTELL
SINEMA
YSGOL
GAREJ
YSGUBOR
YSBYTY
GWESTY

LABORDY
AMGUEDDFA
ARSYLLFA
STADIWM
ARCHFARCHNAD
PABELL
THEATR
TWR
PRIFYSGOL
FFATRI

90 - Livres

```
N E L A D U T J H D D C B S
L O D D Y N E L L E A Y A J
D P F D O W J Y D U R D R Z
O K O E A W D U R O L D D T
N R P Y L E P I G L L E D P
I C A S G L I A D I E S O E
O C C X T A I Y Y A N T N R
L Y M N R Q D Z G E Y U I T
C F S C A S G R M T D N A H
Y R I E S T I H O H D L E N
F E E R I O K T L D R C T A
N S N D G R U T N A D N H S
M Q O D V I Y T W B M W Q O
B U D D S O D D I K A J R L
```

AWDUR
ANTUR
CASGLIAD
CYD-DESTUN
DEUOLIAETH
EPIG
STORI
DONIOL
BUDDSODDI
DARLLENYDD

LLENYDDOL
ADRODDWR
TUDALEN
PERTHNASOL
CERDD
BARDDONIAETH
NOFEL
CYFRES
TRASIG

91 - Pays #2

```
P  T  S  I  E  I  N  A  W  D  Y  F  D  P
W  A  I  N  A  B  L  A  P  E  X  F  M  L
C  I  K  K  E  Y  A  R  N  N  M  R  K  G
R  S  J  I  E  Y  U  N  Z  M  I  A  Q  D
Á  E  Y  M  S  N  S  U  N  A  B  I  L  S
I  N  G  R  M  T  Y  H  V  R  Z  N  I  S
N  O  C  W  N  O  A  A  I  C  E  C  N  O
R  D  N  S  E  C  Z  N  A  D  U  S  K  M
L  N  T  I  E  I  W  E  R  D  D  O  N  A
Z  I  J  A  R  S  S  E  G  E  L  M  A  L
H  A  I  T  I  C  Y  Y  I  J  A  U  P  I
G  D  T  L  C  E  R  Z  J  Y  O  D  A  A
I  T  J  P  Z  M  I  R  E  Z  S  M  J  G
U  G  A  N  D  A  A  C  I  A  M  A  J  R
```

ALBANIA	LAOS
TSIEINA	LIBANUS
DENMARC	MECSICO
FFRAINC	UGANDA
HAITI	PAKISTAN
INDONESIA	RWSIA
IWERDDON	SOMALIA
JAMAICA	SUDAN
JAPAN	SYRIA
KENYA	WCRÁIN

92 - Jazz

```
U E D R Y F Y F R Y B I D B
K U R H C E S H A Q F J Y L
H D Y Y G I N D F O J E B I
G V M T E M Â W R J K M M K
I Z I H N G C A O G Z A P S
A S A M R Q C N D G X Y U U
I L U M E L L U D D R A T D
A A B X N G Z B R D K Z A D
E D H W Z T B V E Y K S L R
O N J S M M S Z C W U Q E E
C E R D D O R I A E T H N G
T E C H N E G R T N E U T N
J B L Y Y Y N A P R A E V Y
A I D A I D D O S N A F Y C
```

ALBWM
ARTIST
ENWOG
CÂN
CYFANSODDIAD
CYNGERDD
GENRE
BYRFYFYR
CERDDORIAETH

NEWYDD
CERDDORFA
RHYTHM
UNAWD
ARDDULL
TALENT
DRYMIAU
TECHNEG

93 - Paysages

```
S  N  N  L  D  Z  I  F  A  S  W  U  D  B
R  J  Y  D  Y  M  Y  X  F  Q  E  W  I  L
A  R  D  N  U  T  Q  G  O  S  R  O  G  D
R  N  Y  H  R  N  E  P  N  Y  D  E  N  B
H  Y  I  M  Y  N  Y  D  D  N  D  P  B  Z
A  R  R  A  O  G  O  F  W  Y  O  Z  M  A
E  B  D  E  L  Â  I  D  D  Y  N  Y  M  I
A  H  B  C  Y  W  L  M  R  Ô  M  Y  J  R
D  T  V  X  E  B  C  O  H  F  Z  C  L  F
R  E  S  Y  E  G  K  H  E  R  M  H  N  L
R  A  U  M  Q  O  O  W  W  P  D  S  E  H
R  R  Q  J  L  S  M  H  L  I  X  H  A  K
E  T  T  V  Q  C  E  H  I  Q  J  C  L  K
J  N  K  A  A  N  Y  R  F  F  Y  D  A  C
```

RHAEADR	LLYN
BRYN	GORS
ANIALWCH	MÔR
ABER	MYNYDD
AFON	WERDDON
GEYSER	PENRHYN
RHEWLIF	TRAETH
OGOF	TUNDRA
MYNYDD IÂ	DYFFRYN
YNYS	

94 - Pays #1

```
B K N A T S I N A G F F A P
G R E N I C A R A G U A K H
T O A I D N I G L D A H M I
F A B S M F F I N D I R Z L
I E S D I B P R J P N W P I
U Y T G G L W S T Z A B A P
G W L A D P W Y L A M P N P
M R M T L B H U X I O Z A I
U O K X N I N N A I R A M N
Z N R G U L B E T M O S A E
S I T O Z A A Y G O G Y Z S
G F Q G C M N E A M L A R Y
X L Z D I O I S R A E L I K
E C W A D O R C A N A D A I
```

AFFGANISTAN
YR ALMAEN
ARIANNIN
BRASIL
CANADA
SBAEN
ECWADOR
FFINDIR
INDIA
ISRAEL

LIBYA
MALI
MOROCO
NICARAGUA
NORWY
PANAMA
PHILIPPINES
GWLAD PWYL
ROMANIA

95 - Nombres

```
A E T G E D D R A I R T X U
C N F J H E G E D W T I E N
W B H P X U J C U E F I Z A
Y O R E S D Q P I N G W Z R
T T G D P D P D A U A O X B
H B A W Q E U C N D U W L Y
O H T A M G M K H F X R A M
C T I R T A P O H W P Q N T
P Y M T H E G P C X E S A H
O S A I T H F C Y G Q C W E
F C M T S R U G A I N Z H G
S C L U I G J P X O R M J S
B L A G S J J E E K H O E G
S Q E I K D D P R T U L J O
```

PUMP	PYMTHEG
DAU	UN AR BYMTHEG
DEGOL	SAITH
DEG	CHWECH
DEUNAW	TRI AR DDEG
DEUDDEG	TRI
WYTH	UN
MATH	UGAIN
NAW	SERO
PEDWAR	

96 - Psychologie

```
P L Y M D D Y G I A D B G G
S R N O G B O A M P H R W W
Y D O D N Y T N E L P E Y E
N A C F F E A I L T C U B J
I I U L I Y Y H B H A D Y I
A S G R I A N B O E N D D M
D E R W S N D X R R F W D E
A S G I R Z I A B A Y Y I D
U A M N S T V G U P D D A D
C L Z M B U H Q O I D I E Y
R E A L I T I D S L I O T L
T E I M L A D Q A F A N H I
F L P E G O N V F R D W O A
D Y L A N W A D A U O Y W U
```

CLINIGOL   DYLANWADAU
GWYBYDDIAETH   MEDDYLIAU
YMDDYGIAD   CANFYDDIAD
GWRTHDARO   BROBLEM
EGO   REALITI
PLENTYNDOD   BREUDDWYDION
PROFIADAU   TEIMLAD
ASESIAD   THERAPI
SYNIADAU

97 - Nature

```
B W H O L O N N A F O R T T
Q N A H O N B X N K B R L A
P I R C D T G G I T C R A W
X W D W O K M I F A F O N E
F L D L F I L W E H R S Y L
T W W A N Y F D I U I J N K
P J C I A I D E L I A D E R
E T H N H Q X O I T T B W Z
D Y N A M I G C A Q L F G I
C Y M Y L A U P I K L L S E
Q M Q Y D D E O D D Y N Y M
H E D D Y C H L O N W J D A
C L O G W Y N I P S G M E N
P J I V N Z I U C Y S E G R
```

GWENYN
ANIFEILIAID
ARCTIG
HARDDWCH
NIWL
ANIALWCH
DYNAMIG
CLOGWYNI
DAIL
AFON

COEDWIG
RHEWLIF
MYNYDDOEDD
CYMYLAU
HEDDYCHLON
CYSEGR
GWYLLT
TAWEL
TROFANNOL
HANFODOL

98 - Chimie

```
A  P  Q  Y  Z  R  E  H  C  A  M  M  E  T
L  H  W  E  B  R  N  Y  A  T  E  W  L  Y
C  B  A  Y  W  N  S  D  T  O  T  Y  E  M
A  L  F  L  S  D  Y  R  A  M  E  K  C  H
L  W  T  Z  E  A  M  O  L  I  L  V  T  E
Ï  I  O  N  E  N  U  G  Y  G  A  U  R  R
A  C  F  I  L  Y  H  E  D  Q  U  Q  O  E
I  E  T  R  P  M  Y  N  D  K  P  M  N  D
D  L  T  O  M  N  I  W  C  L  E  A  R  D
D  O  X  L  H  F  J  V  K  O  J  N  N  B
P  M  N  C  Y  Q  L  D  F  K  I  W  E  X
C  A  R  B  O  N  E  G  I  S  C  O  X  I
W  N  O  Y  K  G  W  R  E  S  N  Y  A  E
F  Z  T  V  Y  K  R  R  W  C  A  Z  W  E
```

ASID
ALCALÏAIDD
ATOMIG
CARBON
CATALYDD
GWRES
CLORIN
ENSYM
ELECTRON
NWY

HYDROGEN
ION
HYLIF
METELAU
MOLECIWL
NIWCLEAR
OCSIGEN
PWYSAU
HALEN
TYMHEREDD

99 - Bateaux

```
C V P C A I A C A S D L W M
A I D R O G N A S B M G B O
N O I L Y W H H C W C Ô R R
Ŵ P C P J N J M W Y A F R W
T O N N A U U Z E S R W W R
L V Y A G L C V O B H S R O
L J L G P L V R H H A X O L
B I L B A F O N I Q F C M Y
P E I R I A N T R W F E F H
H W Y L I O Y F E N C F S M
S M I G V J Q S F A W N Y W
C F V D I P F B F L A F C E
I X S U O J Q K C L C O D A
G Z B G B E L X B S W R R A
```

ANGOR	MORWR
PRYNU	MWYAF
CANŴ	MÔR
RHAFF	PEIRIANT
CRIW	MORWROL
FFERI	CEFNFOR
AFON	LLU
CAIAC	TONNAU
LLYN	CWCH HWYLIO
LLANW	HWYLIO

100 - Mesures

```
C H A D D Y R U S E M T T
T I E B T T I C S R U Q B U
F P L S O N M H P W N R D N
E S Z O X B I D Y H U G P N
R J E C G X K E X X D U U E
V G H I B R E R P T V J G L
U D R E I N A F L O N A C L
D Y F N D E R M X O L M A O
E A A A Y Y M À S W I O I R
L L X D C T R A J N T D P F
L K M E W J B G R S R F W Y
T D A G Q K K G E G V E U C
G S G O P W Y S A U U D F U
S T F L J Q G R A D D D D A
```

CANOLFAN	MESURYDD
GRADD	MUNUD
DEGOL	BEIT
GRAM	OWNS
UCHDER	PEINT
CILOGRAM	PWYSAU
LLED	MODFEDD
LITR	DYFNDER
HYD	TUNNELL
MÀS	CYFROL

1 - Adjectifs #2

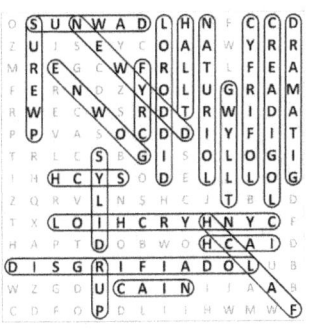

2 - Force et Gravité

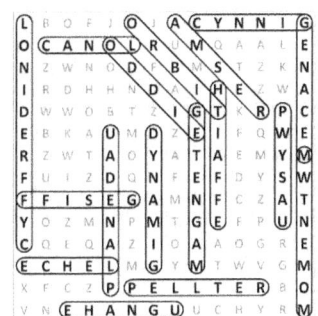

3 - Adjectifs #1

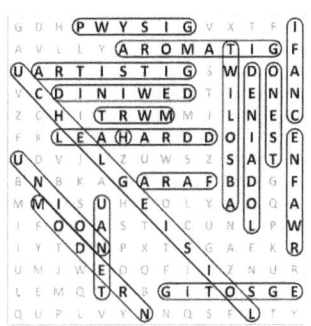

4 - Échecs

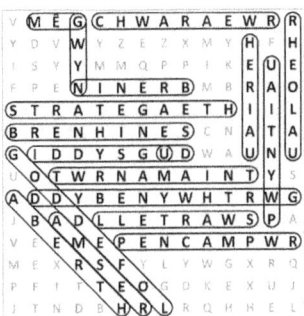

5 - Herboristerie

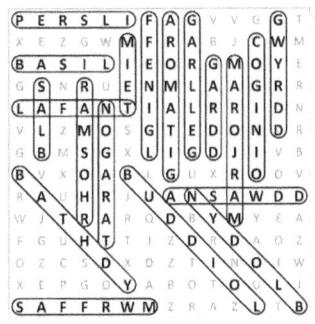

6 - Photographie

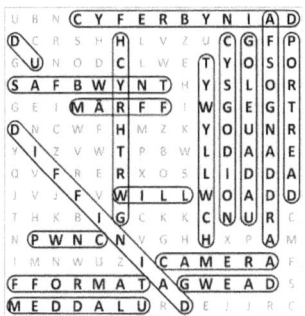

7 - Véhicules

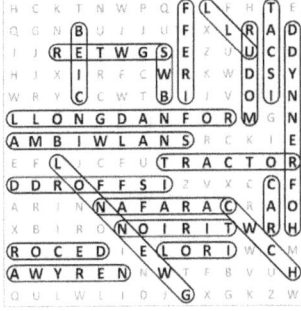

8 - Camping

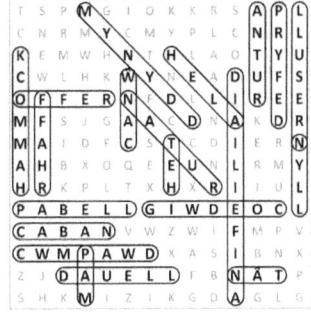

9 - Écologie

10 - Géométrie

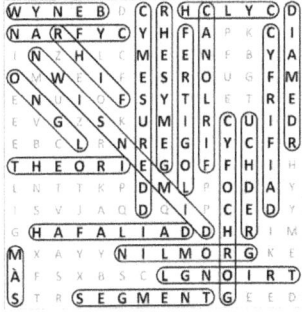

11 - Les Médias

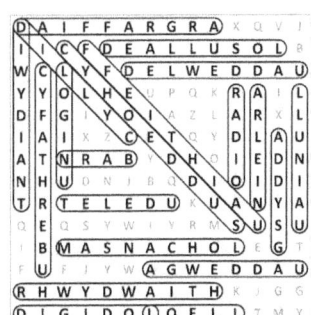

12 - Philanthropie

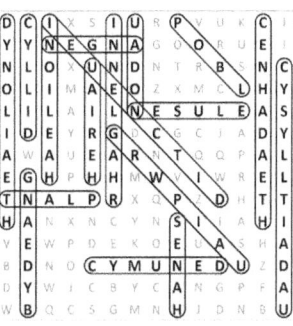

13 - Diplomatie

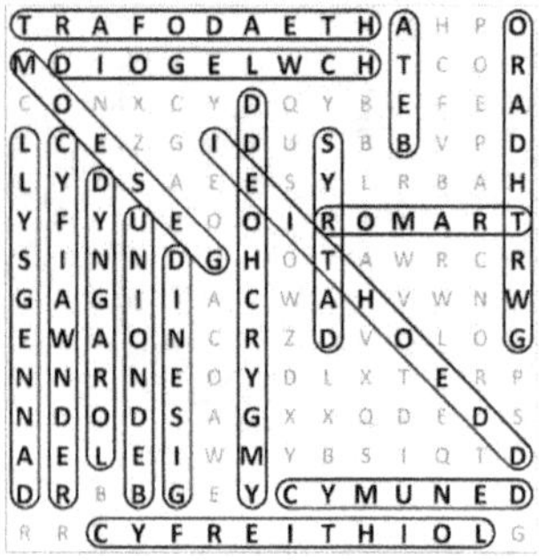

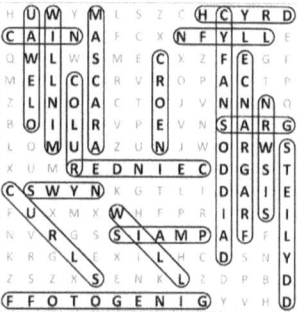

14 - Électricité

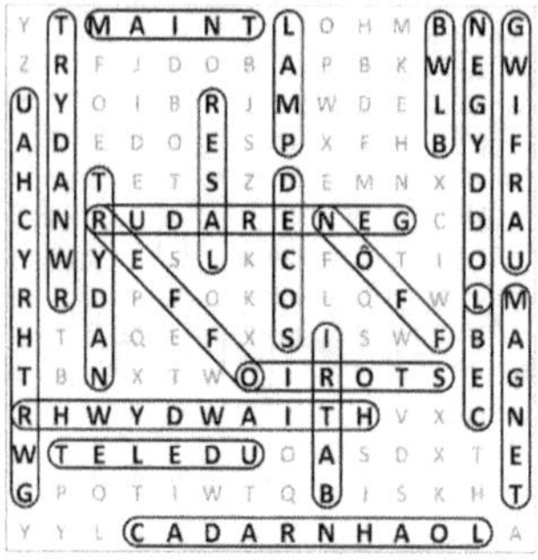

15 - Astronomie

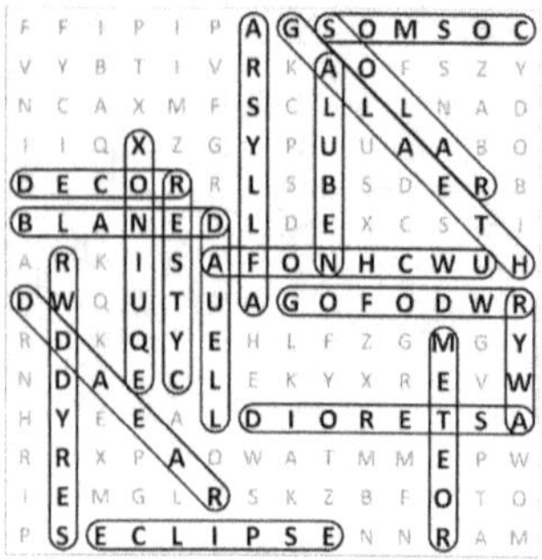

16 - Physique

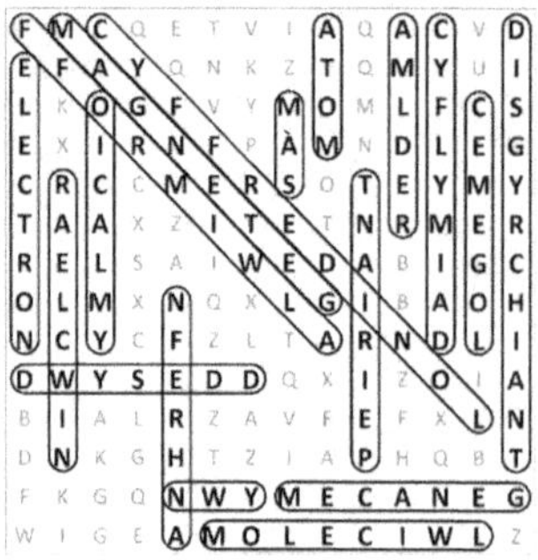

17 - Types de Cheveux

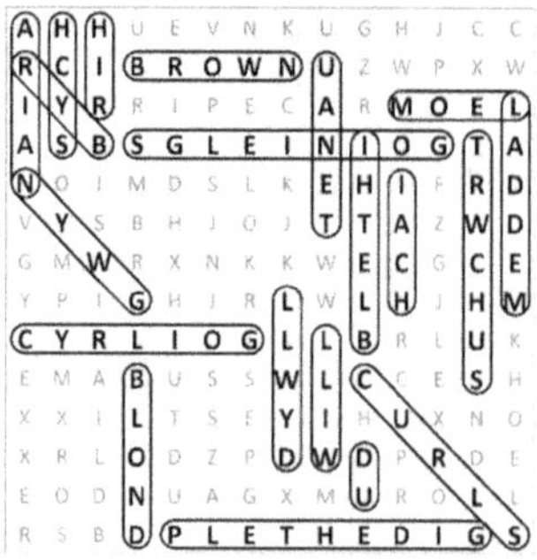

18 - Archéologie

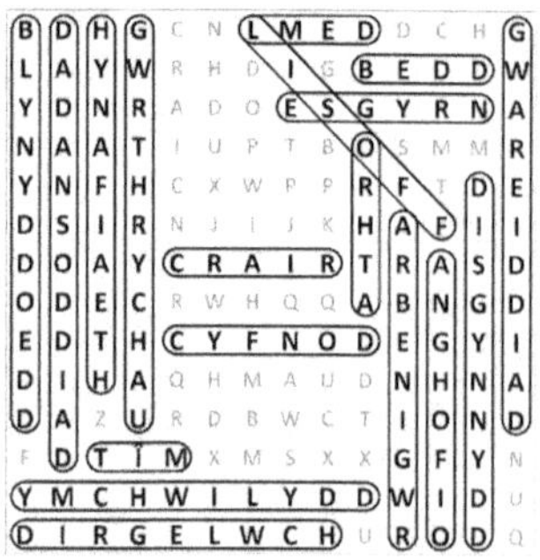

19 - Mammifères

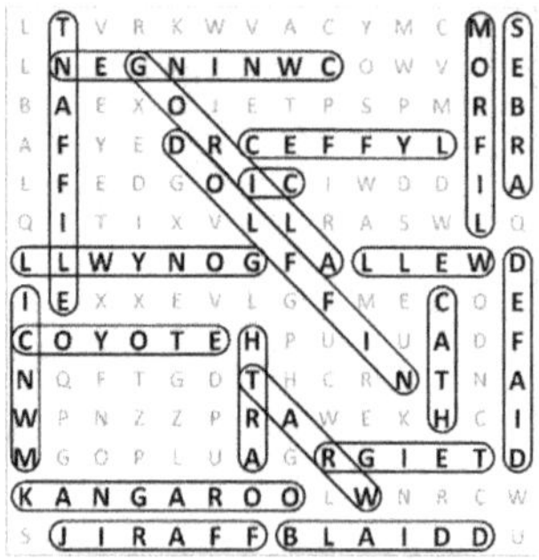

20 - Chocolat

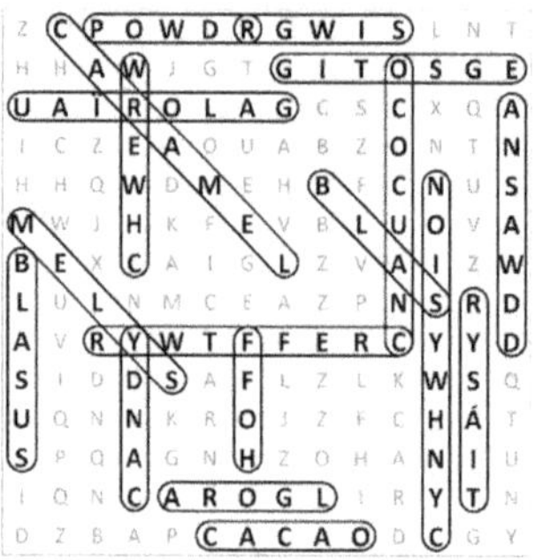

21 - Mathématiques

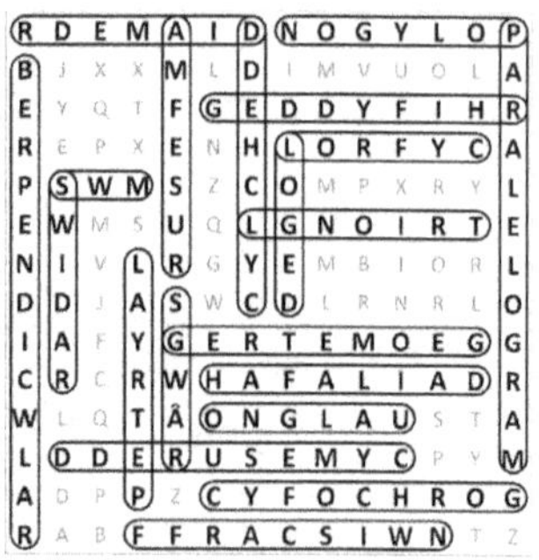

22 - Sport

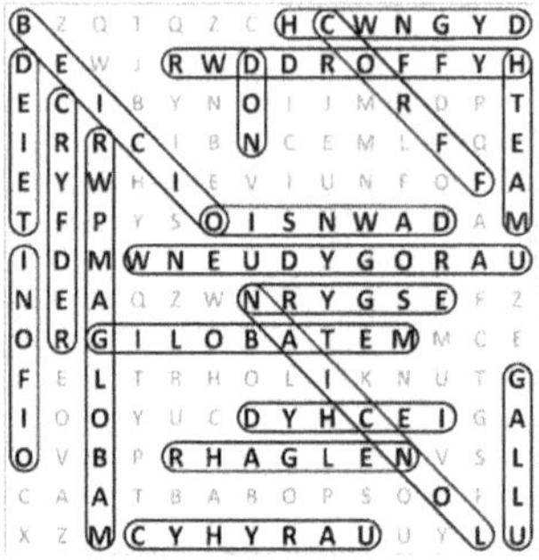

23 - Mythologie

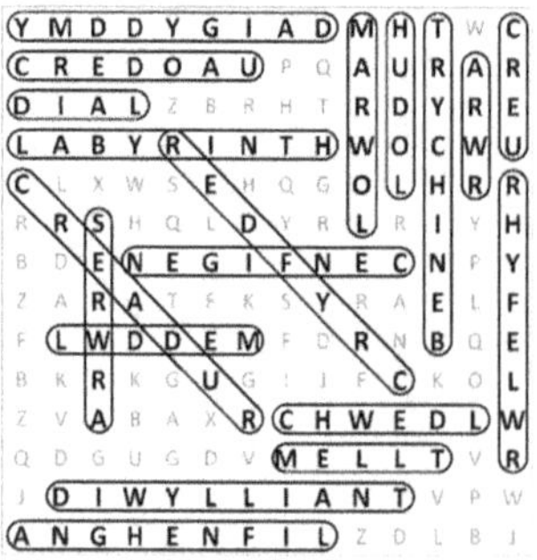

24 - Beauté

25 - Avions

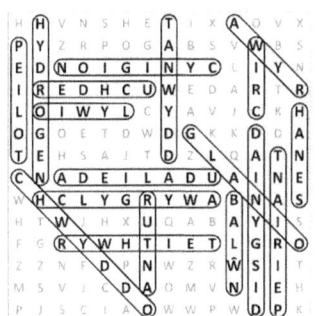

26 - Aventure

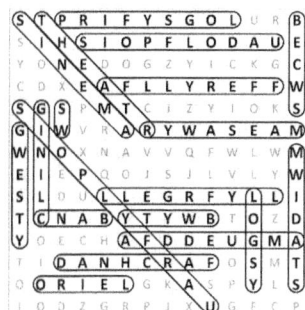

27 - Ville

28 - Ingénierie

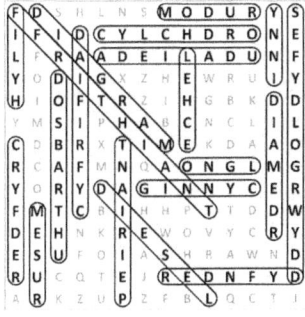

29 - Énergie

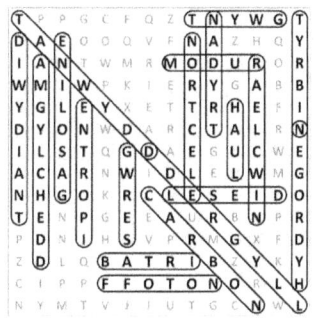

30 - Cuisine

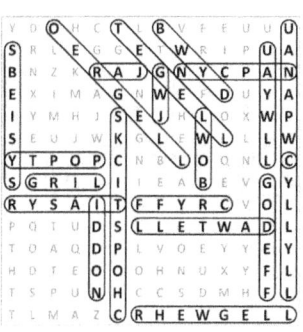

31 - Corps Humain

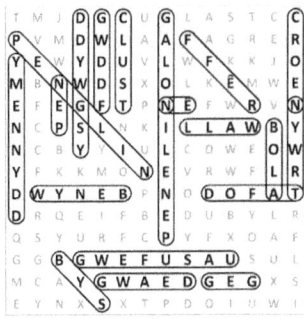

32 - Épices

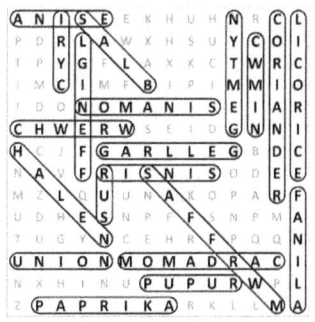

33 - Science

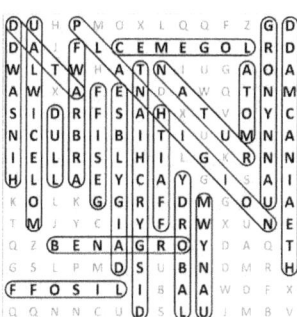

34 - Vêtements

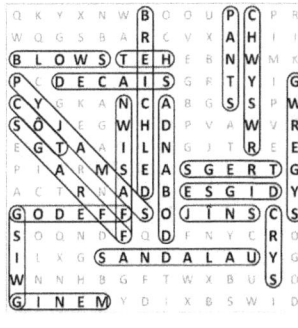

35 - Méditation

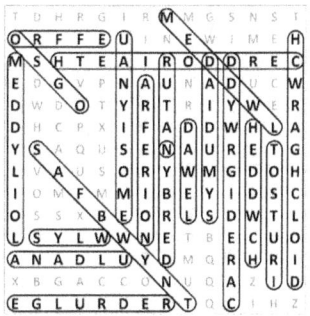

36 - Littérature

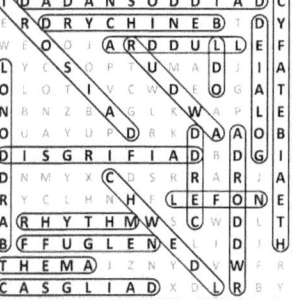

37 - Nourriture #1

38 - Jours et Mois

39 - Jardinage

40 - Entreprise

41 - Activités

42 - Mode

43 - Nourriture #2

44 - Algèbre

45 - Océan

46 - Remplir

47 - Antiquités

48 - Boxe

49 - Ballet

50 - Fruit

51 - Musique

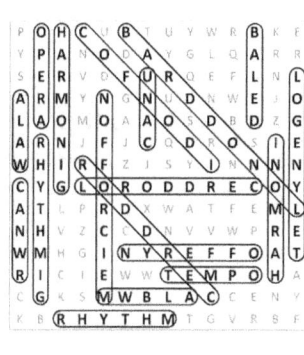

52 - Météo

53 - L'Entreprise

54 - Gouvernement

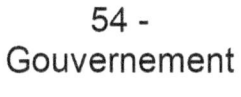

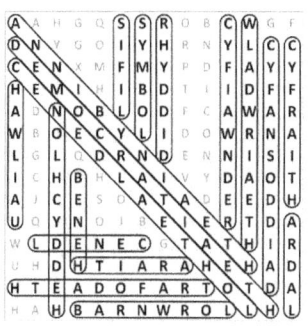

55 - Randonnée

56 - Art

57 - Nutrition

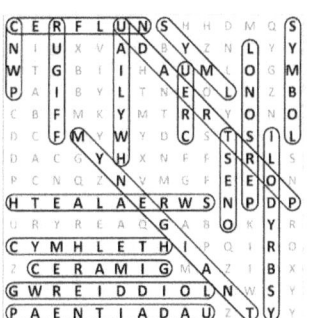

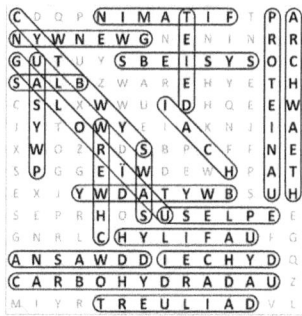

58 - Créativité

59 - Science Fiction

60 - Professions #1

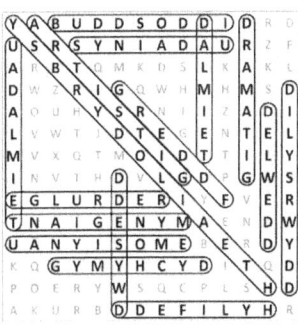

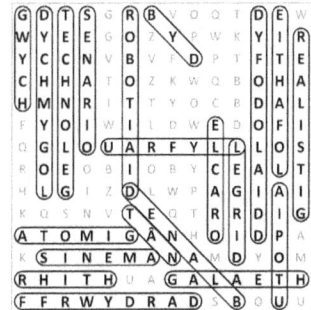

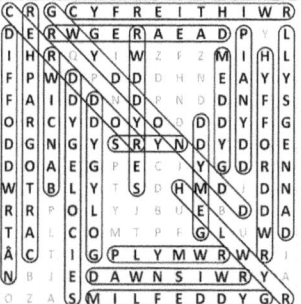

61 - Géologie

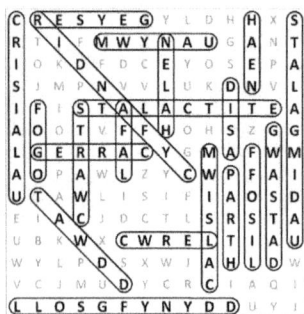

62 - Cirque

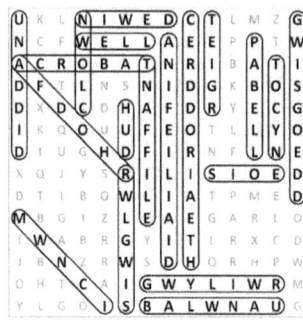

63 - Jardin

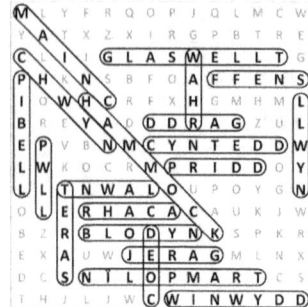

64 - Santé et Bien Être #1

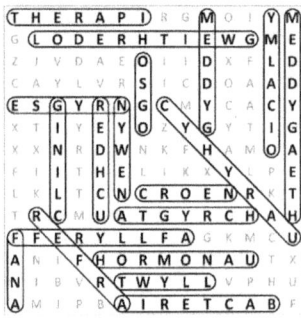

65 - Barbecues

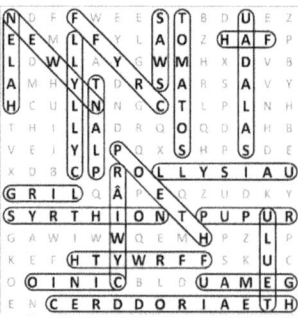

66 - Animaux de Compagnie

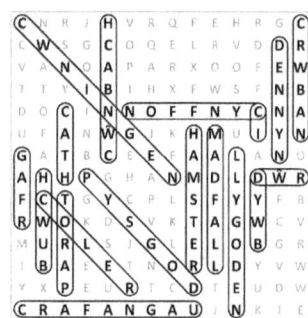

67 - Forêt Tropicale

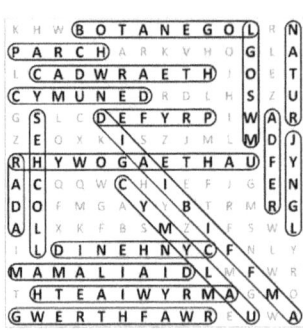

68 - Ferme #1

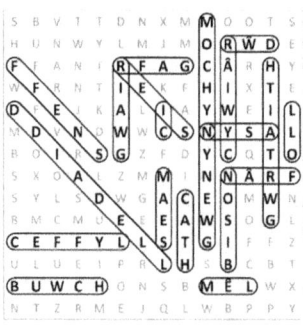

69 - Escalade

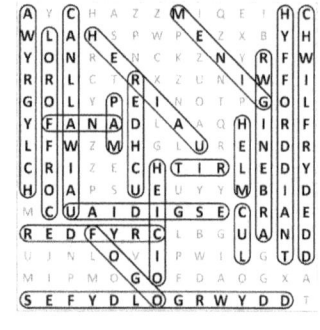

70 - Café

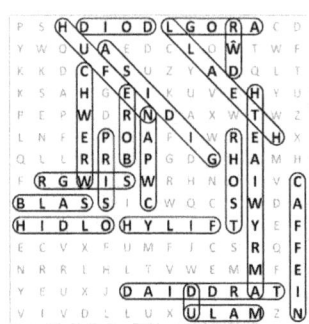

71 - Antarctique

72 - Professions #2

73 - Les Abeilles

74 - Santé et Bien Être #2

75 - Conduite

76 - Plantes

77 - Ferme #2

78 - Vacances #2

79 - Temps

80 - Maison

81 - Légumes

82 - Famille

83 - Oiseaux

84 - Disciplines Scientifiques

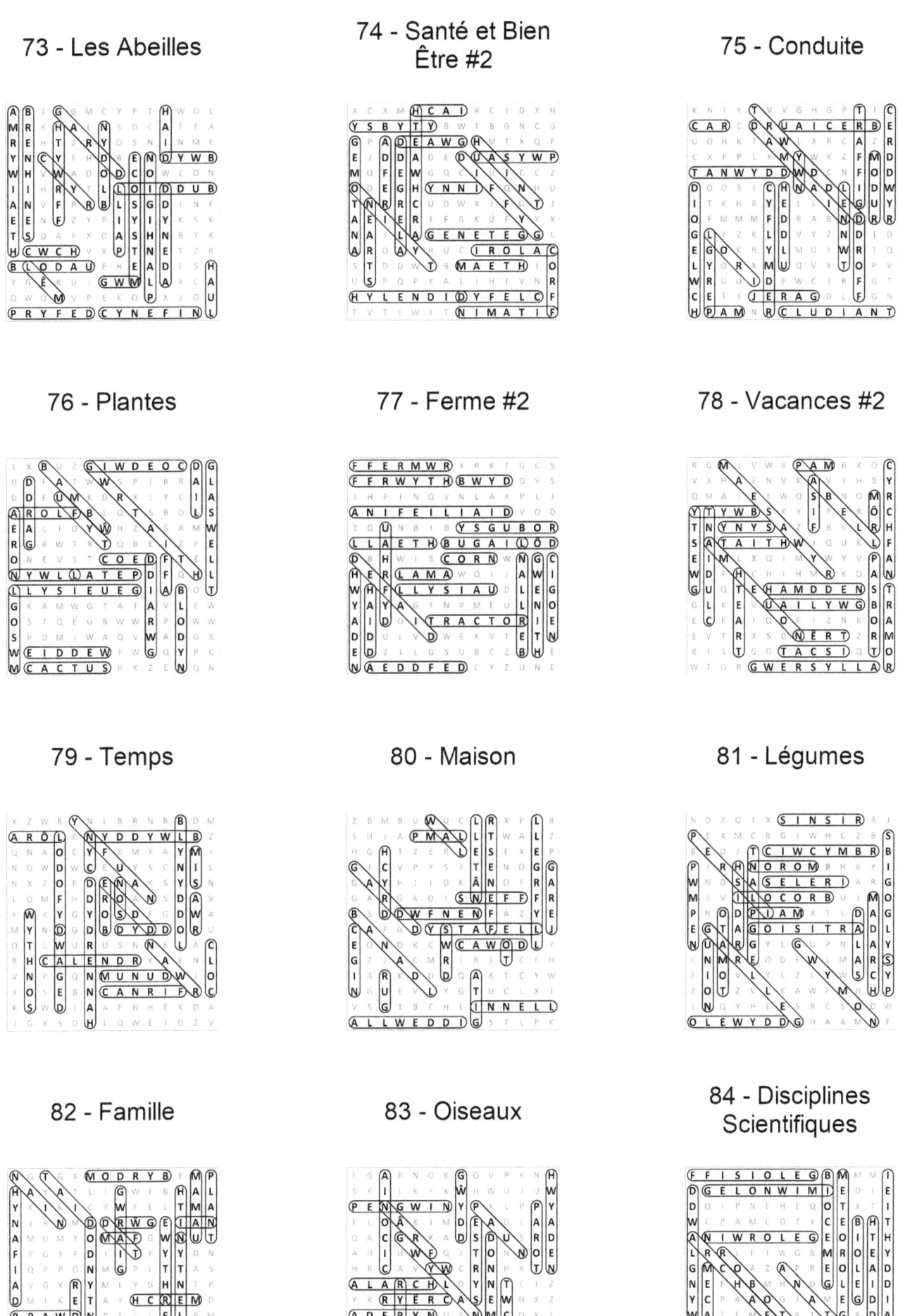

85 - Émotions

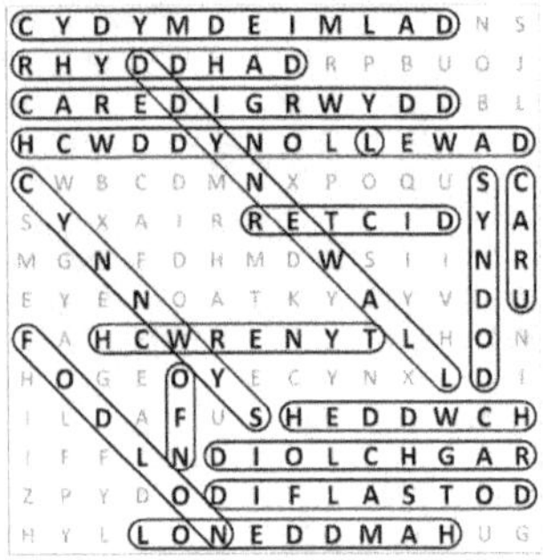

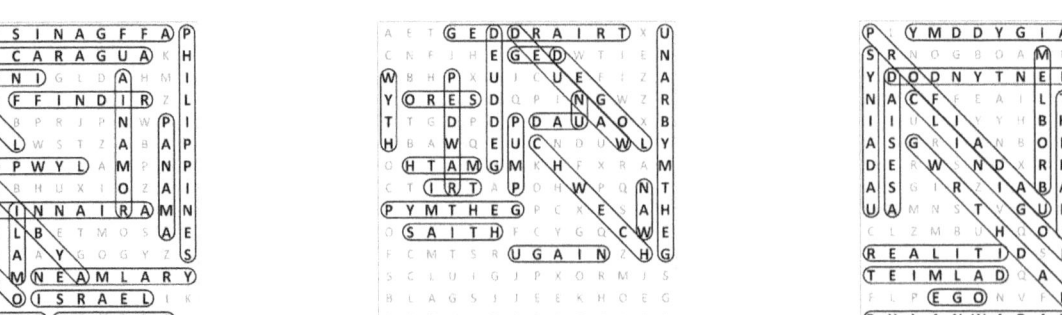

86 - Univers

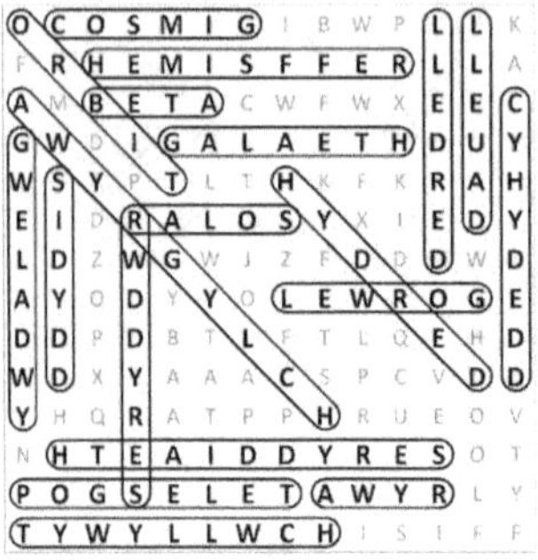

87 - Géographie

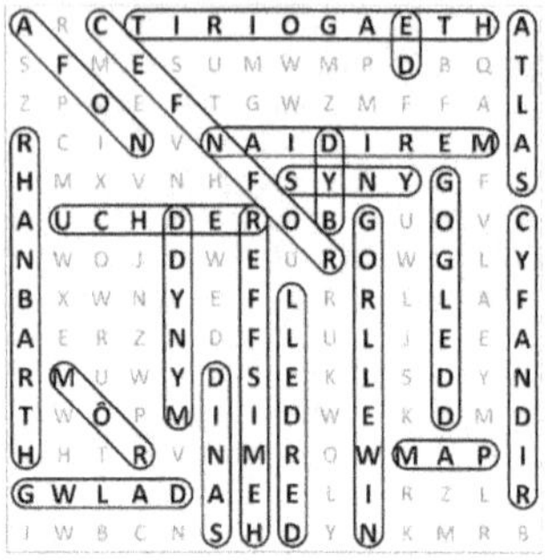

88 - Danse

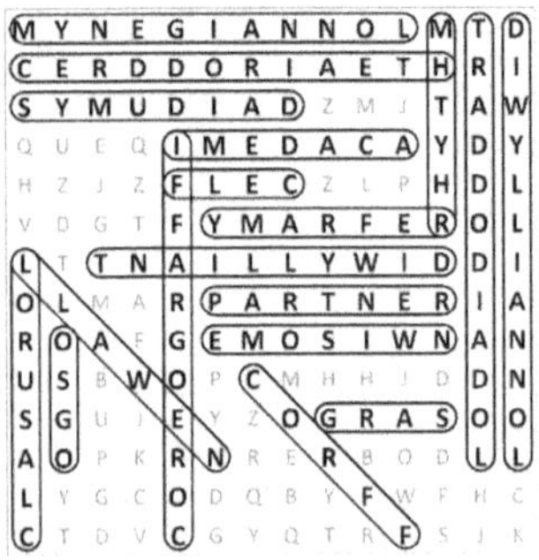

89 - Bâtiments

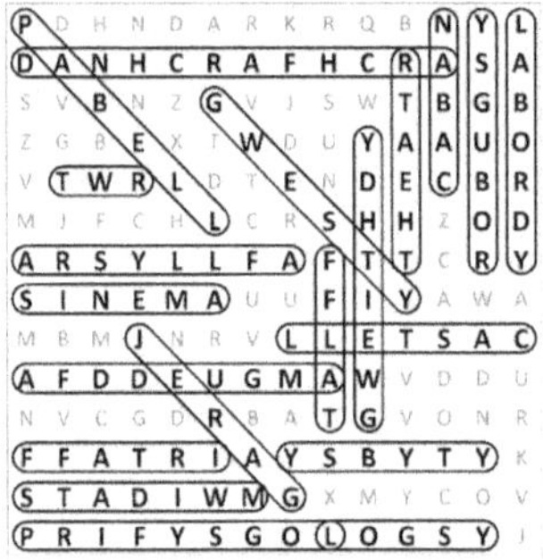

90 - Livres

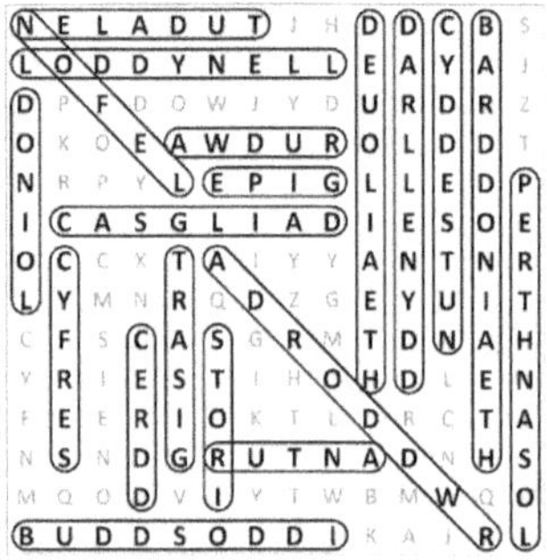

91 - Pays #2

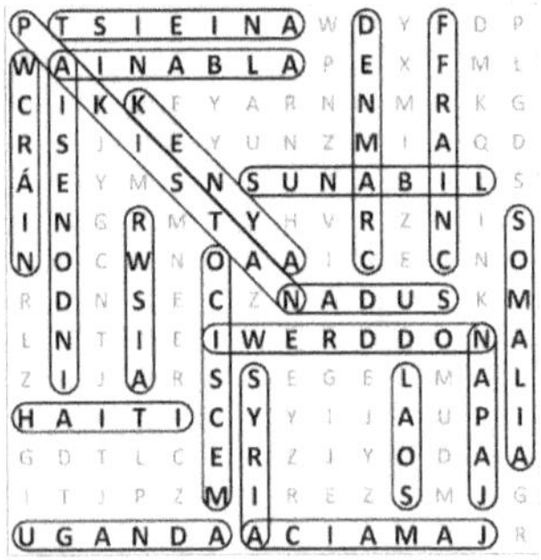

92 - Jazz

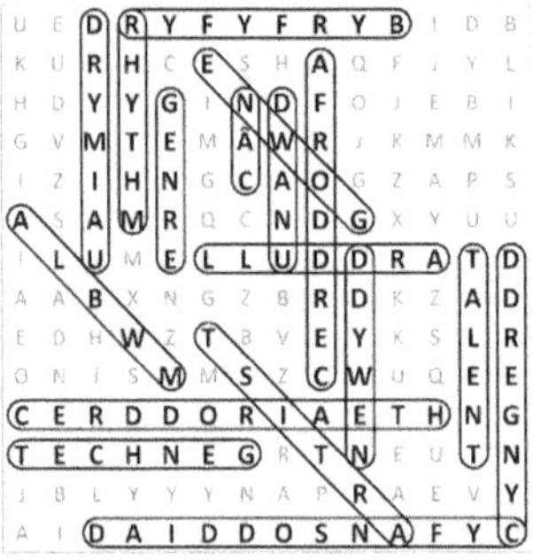

93 - Paysages

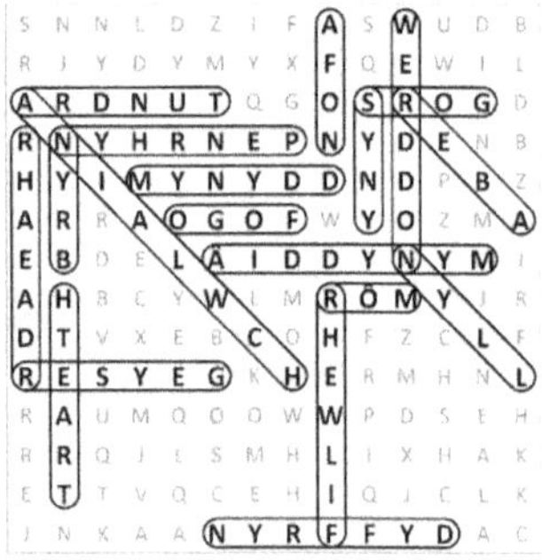

94 - Pays #1

95 - Nombres

96 - Psychologie

97 - Nature

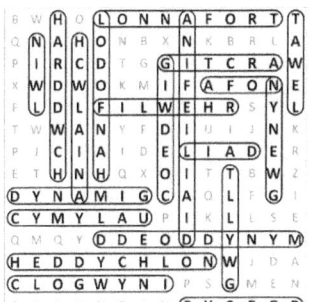

98 - Chimie

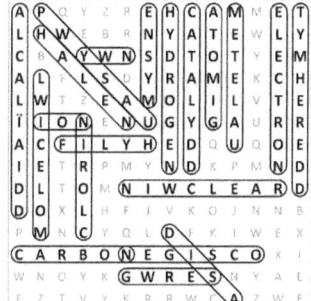

99 - Bateaux

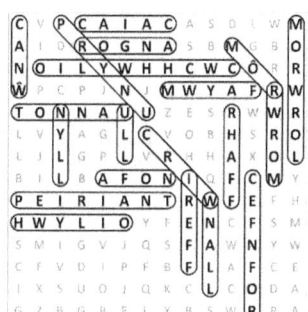

100 - Mesures

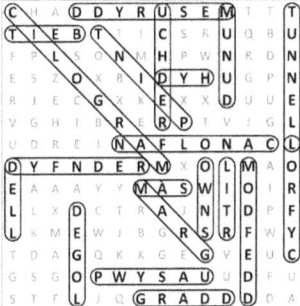

Dictionnaire

Activités
Gweithgareddau

Activité	Gweithgaredd
Art	Celf
Artisanat	Crefftau
Camping	Gwersylla
Céramique	Cerameg
Chasse	Hela
Couture	Gwnïo
Danse	Dawnsio
Intérêts	Diddordebau
Jardinage	Garddio
Jeux	Gemau
Lecture	Darllen
Loisir	Hamdden
Magie	Hud
Pêche	Pysgota
Plaisir	Pleser
Puzzles	Posau
Randonnée	Heicio
Relaxation	Ymlacio
Tricot	Gwau

Adjectifs #1
Ansoddeiriau # 1

Absolu	Absoliwt
Actif	Gweithredol
Ambitieux	Uchelgeisiol
Aromatique	Aromatig
Artistique	Artistig
Attractif	Deniadol
Beau	Hardd
Exotique	Egsotig
Énorme	Enfawr
Généreux	Hael
Honnête	Onest
Identique	Union
Important	Pwysig
Innocent	Diniwed
Jeune	Ifanc
Lent	Araf
Lourd	Trwm
Mince	Tenau
Moderne	Modern
Parfait	Perffaith

Adjectifs #2
Ansoddeiriau # 2

Authentique	Dilys
Célèbre	Enwog
Créatif	Creadigol
Descriptif	Disgrifiadol
Doué	Dawnus
Dramatique	Dramatig
Élégant	Cain
Fier	Falch
Fort	Cryf
Intéressant	Diddorol
Naturel	Naturiol
Nouveau	Newydd
Productif	Cynhyrchiol
Puissant	Pwerus
Pur	Pur
Responsable	Cyfrifol
Sain	Iach
Salé	Hallt
Sauvage	Gwyllt
Sec	Sych

Algèbre
Algebra

Diagramme	Diagram
Équation	Hafaliad
Facteur	Ffactor
Faux	Ffug
Formule	Fformiwla
Fraction	Ffracsiwn
Graphique	Graff
Infini	Anfeidrol
Linéaire	Llinol
Matrice	Matrics
Nombre	Rhif
Parenthèse	Parenthesis
Problème	Broblem
Quantité	Maint
Simplifier	Symleiddio
Solution	Ateb
Somme	Swm
Soustraction	Tynnu
Variable	Newidyn
Zéro	Sero

Animaux de Compagnie
Anifeiliaid Anwes

Chat	Cath
Chèvre	Gafr
Chien	Ci
Chiot	Cŵn Bach
Collier	Coler
Eau	Dŵr
Griffes	Crafangau
Hamster	Hamster
Laisse	Dennyn
Lapin	Cwningen
Lézard	Madfall
Nourriture	Bwyd
Perroquet	Parot
Poisson	Pysgod
Queue	Cynffon
Souris	Llygoden
Tortue	Crwban
Vache	Buwch
Vétérinaire	Milfeddyg

Antarctique
Antarctica

Baie	Bae
Baleines	Morfilod
Chercheur	Ymchwilydd
Conservation	Cadwraeth
Continent	Cyfandir
Eau	Dŵr
Environnement	Amgylchedd
Expédition	Daith
Géographie	Daearyddiaeth
Glace	Iâ
Glaciers	Rhewlifoedd
Îles	Ynysoedd
Migration	Mudo
Minéraux	Mwynau
Oiseaux	Adar
Péninsule	Penrhyn
Rocheux	Creigiog
Scientifique	Gwyddonol
Température	Tymheredd
Topographie	Topograffeg

Antiquités
Hynafiaethau

Art	Celf
Authentique	Dilys
Bijoux	Gemwaith
Décoratif	Addurnol
Enchères	Arwerthiant
Élégant	Cain
Galerie	Oriel
Inhabituel	Anarferol
Investissement	Buddsoddiad
Meubles	Dodrefn
Peintures	Paentiadau
Pièces	Darnau Arian
Prix	Pris
Qualité	Ansawdd
Restauration	Adfer
Sculpture	Cerflun
Siècle	Canrif
Style	Arddull
Valeur	Gwerth
Vieux	Hen

Archéologie
Archeoleg

Analyse	Dadansoddiad
Années	Blynyddoedd
Antiquité	Hynafiaeth
Chercheur	Ymchwilydd
Civilisation	Gwareiddiad
Descendant	Disgynnydd
Expert	Arbenigwr
Ère	Cyfnod
Équipe	Tîm
Évaluation	Gwerthuso
Fossile	Ffosil
Inconnu	Anhysbys
Mystère	Dirgelwch
Objets	Gwrthrychau
Os	Esgyrn
Oublié	Anghofio
Professeur	Athro
Relique	Crair
Temple	Deml
Tombe	Bedd

Art
Celf

Céramique	Ceramig
Complexe	Cymhleth
Composition	Cyfansoddiad
Créer	Creu
Dépeindre	Portreadu
Expression	Mynegiant
Figure	Ffigur
Honnête	Onest
Humeur	Hwyliau
Inspiré	Ysbrydoli
Original	Gwreiddiol
Peintures	Paentiadau
Personnel	Personol
Poésie	Barddoniaeth
Sculpture	Cerflun
Simple	Syml
Sujet	Pwnc
Surréalisme	Swrealaeth
Symbole	Symbol
Visuel	Gweledol

Astronomie
Seryddiaeth

Astéroïde	Asteroid
Astronaute	Gofodwr
Astronome	Seryddwr
Ciel	Awyr
Constellation	Cytser
Cosmos	Cosmos
Éclipse	Eclipse
Équinoxe	Equinox
Fusée	Roced
Galaxie	Galaeth
Lune	Lleuad
Météore	Meteor
Nébuleuse	Nebula
Observatoire	Arsyllfa
Planète	Blaned
Radiation	Ymbelydredd
Solaire	Solar
Supernova	Uwchnofa
Terre	Ddaear
Univers	Bydysawd

Aventure
Antur

Activité	Gweithgaredd
Beauté	Harddwch
Bravoure	Dewrder
Dangereux	Peryglus
Destination	Cyrchfan
Défis	Heriau
Difficulté	Anhawster
Enthousiasme	Brwdfrydedd
Excursion	Gwibdaith
Inhabituel	Anarferol
Itinéraire	Amserlen
Joie	Llawenydd
Nature	Natur
Navigation	Llywio
Nouveau	Newydd
Opportunité	Cyfle
Préparation	Paratoi
Sécurité	Diogelwch
Surprenant	Syndod
Voyages	Teithio

Avions
Awyrennau

Atmosphère	Awyrgylch
Atterrissage	Glanio
Aventure	Antur
Ballon	Balŵn
Carburant	Tanwydd
Ciel	Awyr
Construction	Adeiladu
Descente	Disgyniad
Direction	Cyfeiriad
Équipage	Criw
Gonfler	Chwyddo
Hauteur	Uchder
Hélices	Cynigion
Histoire	Hanes
Hydrogène	Hydrogen
Moteur	Peiriant
Naviguer	Lywio
Passager	Teithwyr
Pilote	Peilot
Turbulence	Cynnwrf

Ballet
Bale

Applaudissement	Cymeradwyaeth
Artistique	Artistig
Chorégraphie	Coreograffi
Compositeur	Cyfansoddwr
Danseurs	Dawnswyr
Expressif	Mynegiannol
Geste	Ystum
Gracieux	Gosgeiddig
Intensité	Dwysedd
Leçons	Gwersi
Muscles	Cyhyrau
Musique	Cerddoriaeth
Orchestre	Cerddorfa
Public	Gynulleidfa
Répétition	Ymarfer
Rythme	Rhythm
Solo	Unawd
Style	Arddull
Technique	Techneg

Barbecues
Barbeciws

Chaud	Poeth
Couteaux	Cyllyll
Dîner	Cinio
Enfants	Plant
Été	Haf
Faim	Newyn
Famille	Teulu
Fourchettes	Ffyrc
Fruit	Ffrwyth
Gril	Gril
Jeux	Gemau
Légumes	Llysiau
Musique	Cerddoriaeth
Oignons	Syrthion
Poivre	Pupur
Poulet	Cyw lâr
Salades	Saladau
Sauce	Saws
Sel	Halen
Tomates	Tomatos

Bateaux
Cychod

Ancre	Angor
Bouée	Prynu
Canoë	Canŵ
Corde	Rhaff
Équipage	Criw
Ferry	Fferi
Fleuve	Afon
Kayak	Caiac
Lac	Llyn
Marée	Llanw
Marin	Morwr
Mât	Mwyaf
Mer	Môr
Moteur	Peiriant
Nautique	Morwrol
Océan	Cefnfor
Radeau	Llu
Vagues	Tonnau
Voilier	Cwch Hwylio
Yacht	Hwylio

Bâtiments
Adeiladau

Appartement	Fflat
Atelier	Gweithdy
Cabine	Caban
Château	Castell
Cinéma	Sinema
École	Ysgol
Garage	Garej
Grange	Ysgubor
Hôpital	Ysbyty
Hôtel	Gwesty
Laboratoire	Labordy
Musée	Amgueddfa
Observatoire	Arsyllfa
Stade	Stadiwm
Supermarché	Archfarchnad
Tente	Pabell
Théâtre	Theatr
Tour	Twr
Université	Prifysgol
Usine	Ffatri

Beauté
Harddwch

Boucles	Curls
Charme	Swyn
Ciseaux	Siswrn
Cosmétique	Colur
Couleur	Lliw
Élégance	Ceinder
Élégant	Cain
Grâce	Gras
Huiles	Olewau
Lisse	Llyfn
Maquillage	Cyfansoddiad
Mascara	Mascara
Miroir	Drych
Parfum	Fragrance
Peau	Croen
Photogénique	Ffotogenig
Rouge à Lèvres	Minlliw
Services	Gwasanaethau
Shampooing	Siamp
Styliste	Steilydd

Boxe
Paffio

Adversaire	Gwrthwynebydd
Arbitre	Canolwr
Blessures	Anafiadau
Cloche	Cloch
Coin	Cornel
Combattant	Ymladd
Concentrer	Ffocws
Cordes	Rhaffau
Corps	Corff
Coude	Penelin
Coup	Cicio
Épuisé	Arddangos
Force	Cryfder
Gants	Menig
Menton	Ên
Poing	Dwrn
Points	Pwyntiau
Rapide	Cyflym
Récupération	Adfer

Café
Coffi

Acide	Asidig
Amer	Chwerw
Arôme	Arogl
Boisson	Diod
Caféine	Caffein
Crème	Hufen
Eau	Dŵr
Filtre	Hidlo
Lait	Llaeth
Liquide	Hylif
Matin	Bore
Moudre	Malu
Noir	Du
Origine	Tarddiad
Prix	Pris
Rôti	Rhost
Saveur	Blas
Sucre	Siwgr
Tasse	Cwpan
Variété	Amrywiaeth

Camping
Gwersylla

Animaux	Anifeiliaid
Aventure	Antur
Boussole	Cwmpawd
Cabine	Caban
Canoë	Canŵ
Carte	Map
Chapeau	Het
Chasse	Hela
Corde	Rhaff
Équipement	Offer
Feu	Tân
Forêt	Coedwig
Hamac	Hammock
Insecte	Pryfed
Lac	Llyn
Lanterne	Llusern
Lune	Lleuad
Montagne	Mynydd
Nature	Natur
Tente	Pabell

Chimie
Cemeg

Acide	Asid
Alcalin	Alcalïaidd
Atomique	Atomig
Carbone	Carbon
Catalyseur	Catalydd
Chaleur	Gwres
Chlore	Clorin
Enzyme	Ensym
Électron	Electron
Gaz	Nwy
Hydrogène	Hydrogen
Ion	Ion
Liquide	Hylif
Métaux	Metelau
Molécule	Moleciwl
Nucléaire	Niwclear
Oxygène	Ocsigen
Poids	Pwysau
Sel	Halen
Température	Tymheredd

Chocolat
Siocled

Amer	Chwerw
Antioxydant	Gwrthocsidiol
Arôme	Arogl
Artisanal	Crefftwyr
Bonbon	Candy
Cacao	Cacao
Calories	Galorïau
Caramel	Caramel
Délicieux	Blasus
Doux	Melys
Exotique	Egsotig
Favori	Hoff
Goût	Blas
Ingrédient	Cynhwysion
Noix de Coco	Cnau Coco
Poudre	Powdr
Qualité	Ansawdd
Recette	Rysáit
Sucre	Siwgr

Cirque
Syrcas

Acrobate	Acrobat
Animaux	Anifeiliaid
Ballons	Balwnau
Billet	Tocyn
Clown	Clown
Costume	Gwisgoedd
Divertir	Diddanu
Éléphant	Eliffant
Jongleur	Siwglwr
Lion	Llew
Magicien	Dewin
Magie	Hud
Montrer	Sioe
Musique	Cerddoriaeth
Parade	Rhodfa
Singe	Mwnci
Spectaculaire	Ysblennydd
Spectateur	Gwyliwr
Tente	Pabell
Tigre	Teigr

Conduite
Gyrru

Accident	Damwain
Camion	Lori
Carburant	Tanwydd
Carte	Map
Danger	Perygl
Freins	Breciau
Garage	Garej
Gaz	Nwy
Licence	Trwydded
Moteur	Modur
Moto	Beic Modur
Piéton	Cerddwyr
Police	Heddlu
Route	Ffordd
Sécurité	Diogelwch
Trafic	Traffig
Transport	Cludiant
Tunnel	Twnnel
Vitesse	Cyflymder
Voiture	Car

Corps Humain
Corff Dynol

Bouche	Geg
Cerveau	Ymennydd
Cheville	Ffêr
Cou	Gwddf
Coude	Penelin
Cœur	Galon
Doigt	Bys
Estomac	Bola
Épaule	Ysgwydd
Genou	Pen-Glin
Langue	Tafod
Lèvres	Gwefusau
Main	Llaw
Menton	Ên
Nez	Trwyn
Oreille	Clust
Peau	Croen
Sang	Gwaed
Tête	Pen
Visage	Wyneb

Créativité
Creadigrwydd

Artistique	Artistig
Authenticité	Dilysrwydd
Clarté	Eglurder
Dramatique	Dramatig
Expression	Mynegiant
Émotions	Emosiynau
Fluidité	Hylifedd
Idées	Syniadau
Image	Delwedd
Imagination	Dychymyg
Impression	Argraff
Inspiration	Ysbrydoliaeth
Intensité	Dwysedd
Intuition	Greddf
Inventif	Buddsoddi
Sensation	Teimlad
Sentiments	Teimladau
Spontané	Digymell
Vitalité	Bywiogrwydd

Cuisine
Cegin

Baguettes	Chopsticks
Bol	Bowl
Bouilloire	Tegell
Congélateur	Rhewgell
Couteaux	Cyllyll
Cruche	Jwg
Cuillères	Llwyau
Épices	Sbeisys
Éponge	Noddi
Four	Popty
Fourchettes	Ffyrc
Gril	Gril
Louche	Lletwad
Nourriture	Bwyd
Pot	Jar
Recette	Rysáit
Réfrigérateur	Oergell
Serviette	Napcyn
Tablier	Ffedog
Tasses	Cwpanau

Danse
Dawns

Académie	Academi
Art	Celf
Chorégraphie	Coreograffi
Classique	Clasurol
Corps	Corff
Culture	Diwylliant
Culturel	Diwylliannol
Expressif	Mynegiannol
Émotion	Emosiwn
Grâce	Gras
Joyeux	Llawen
Mouvement	Symudiad
Musique	Cerddoriaeth
Partenaire	Partner
Posture	Osgo
Répétition	Ymarfer
Rythme	Rhythm
Saut	Neidio
Traditionnel	Traddodiadol
Visuel	Gweledol

Diplomatie
Diplomyddiaeth

Ambassadeur	Llysgennad
Campagnes	Ymgyrchoedd
Citoyens	Dinasyddion
Civique	Dinesig
Communauté	Cymuned
Conflit	Gwrthdaro
Discussion	Trafodaeth
Éthique	Moeseg
Étranger	Tramor
Gouvernement	Llywodraeth
Humanitaire	Dyngarol
Intégrité	Uniondeb
Justice	Cyfiawnder
Langues	Ieithoedd
Légal	Cyfreithiol
Résolution	Datrys
Sécurité	Diogelwch
Solution	Ateb
Traité	Cytundeb

Disciplines Scientifiques
Ddisgyblaethau Gwyddonol

Anatomie	Anatomeg
Archéologie	Archaeoleg
Astronomie	Seryddiaeth
Biochimie	Biocemeg
Biologie	Bioleg
Botanique	Llysieueg
Chimie	Cemeg
Écologie	Ecoleg
Géologie	Daeareg
Immunologie	Imiwnoleg
Linguistique	Ieithyddiaeth
Mécanique	Mecaneg
Météorologie	Meteoroleg
Minéralogie	Mwynglawdd
Neurologie	Niwroleg
Physiologie	Ffisioleg
Psychologie	Seicoleg
Robotique	Roboteg
Sociologie	Cymdeithaseg
Zoologie	Milofyddiaeth

Entreprise
Busnes

Argent	Arian
Boutique	Siop
Budget	Cyllideb
Bureau	Swyddfa
Carrière	Gyrfa
Coût	Cost
Employeur	Cyflogwr
Employé	Cyflogai
Entreprise	Cwmni
Économie	Economeg
Finance	Cyllid
Impôts	Trethi
Investissement	Buddsoddiad
Marchandise	Nwyddau
Profit	Elw
Revenu	Incwm
Réduction	Disgownt
Transaction	Trafod
Usine	Ffatri
Vente	Gwerthu

Escalade
Dringo

Altitude	Uchder
Atmosphère	Awyrgylch
Blessure	Anaf
Bottes	Esgidiau
Carte	Map
Casque	Helm
Curiosité	Chwilfrydedd
Défis	Heriau
Expert	Arbenigwr
Étroit	Cul
Force	Cryfder
Formation	Hyfforddiant
Gants	Menig
Grotte	Ogof
Guides	Canllawiau
Physique	Corfforol
Randonnée	Heicio
Stabilité	Sefydlogrwydd
Terrain	Tir

Échecs
Gwyddbwyll

Adversaire	Gwrthwynebydd
Apprendre	I Ddysgu
Blanc	Gwyn
Champion	Pencampwr
Concours	Gystadleuaeth
Défis	Heriau
Diagonal	Lletraws
Jeu	Gêm
Joueur	Chwaraewr
Noir	Du
Passif	Goddefol
Points	Pwyntiau
Reine	Brenhines
Règles	Rheolau
Roi	Brenin
Sacrifice	Aberth
Stratégie	Strategaeth
Temps	Amser
Tournoi	Twrnamaint

Écologie
Ecoleg

Bénévoles	Gwirfoddolwyr
Climat	Hinsawdd
Communautés	Cymunedau
Diversité	Amrywiaeth
Durable	Cynaliadwy
Espèce	Rhywogaethau
Faune	Ffawna
Flore	Flora
Global	Byd-Eang
Habitat	Cynefin
Marais	Gors
Marin	Morol
Montagnes	Mynyddoedd
Nature	Natur
Naturel	Naturiol
Plantes	Planhigion
Ressources	Adnoddau
Sécheresse	Sychder
Survie	Goroesi
Végétation	Llystyfiant

Électricité
Trydan

Aimant	Magnet
Ampoule	Bwlb
Batterie	Batri
Câble	Cebl
Électricien	Trydanwr
Électrique	Trydan
Équipement	Offer
Fils	Gwifrau
Générateur	Generadur
Lampe	Lamp
Laser	Laser
Négatif	Negyddol
Objets	Gwrthrychau
Positif	Cadarnhaol
Prise	Soced
Quantité	Maint
Réseau	Rhwydwaith
Stockage	Storio
Téléphone	Ffôn
Télévision	Teledu

Émotions
Emosiynau

Amour	Caru
Calme	Dawel
Colère	Dicter
Contenu	Cynnwys
Détendu	Hamddenol
Ennui	Diflastod
Excité	Gyffrous
Gentillesse	Caredigrwydd
Joie	Llawenydd
Paix	Heddwch
Peur	Ofn
Reconnaissant	Diolchgar
Relief	Rhyddhad
Satisfait	Fodlon
Surprise	Syndod
Sympathie	Cydymdeimlad
Tendresse	Tynerwch
Tranquillité	Llonyddwch
Tristesse	Tristwch

Énergie
Ynni

Batterie	Batri
Carbone	Carbon
Carburant	Tanwydd
Chaleur	Gwres
Diesel	Diesel
Entropie	Entropi
Environnement	Amgylchedd
Essence	Gasoline
Électrique	Trydan
Électron	Electron
Hydrogène	Hydrogen
Industrie	Diwydiant
Moteur	Modur
Nucléaire	Niwclear
Photon	Ffoton
Pollution	Llygredd
Renouvelable	Adnewyddadwy
Soleil	Haul
Turbine	Tyrbin
Vent	Gwynt

Épices
Sbeisys

Aigre	Sur
Ail	Garlleg
Amer	Chwerw
Anis	Anise
Cannelle	Sinamon
Cardamome	Cardamom
Coriandre	Coriander
Cumin	Cwmin
Curry	Cyri
Fenouil	Ffenigl
Gingembre	Sinsir
Muscade	Nytmeg
Oignon	Union
Paprika	Paprika
Poivre	Pupur
Réglisse	Licorice
Safran	Saffrwm
Saveur	Blas
Sel	Halen
Vanille	Fanila

Famille
Teulu

Ancêtre	Hynafiad
Cousin	Cefnder
Enfance	Plentyndod
Enfant	Plentyn
Enfants	Plant
Femme	Gwraig
Fille	Merch
Frère	Brawd
Grand-Mère	Nain
Grand-Père	Taid
Mari	Gŵr
Maternel	Mamau
Mère	Fam
Neveu	Nai
Nièce	Nith
Oncle	Ewythr
Paternel	Tadol
Père	Tad
Soeur	Chwaer
Tante	Modryb

Ferme #1
Fferm # 1

Abeille	Gwenyn
Âne	Asyn
Bison	Bison
Champ	Maes
Chat	Cath
Cheval	Ceffyl
Chèvre	Gafr
Chien	Ci
Clôture	Ffens
Cochon	Mochyn
Corbeau	Frân
Eau	Dŵr
Engrais	Gwrtaith
Foin	Gwair
Miel	Mêl
Poulet	Cyw Iâr
Riz	Reis
Troupeau	Ddiadell
Vache	Buwch
Veau	Llo

Ferme #2
Fferm # 2

Agneau	Cig Oen
Agriculteur	Ffermwr
Animaux	Anifeiliaid
Berger	Bugail
Blé	Gwenith
Canard	Hwyaden
Fruit	Ffrwyth
Grange	Ysgubor
Irrigation	Dyfrhau
Lait	Llaeth
Lama	Lama
Légume	Llysiau
Maïs	Corn
Mouton	Defaid
Mûr	Aeddfed
Nourriture	Bwyd
Orge	Haidd
Pré	Dôl
Tracteur	Tractor
Verger	Berllan

Force et Gravité
Heddlu a Disgyrchiant

Axe	Echel
Centre	Canol
Découverte	Darganfyddiad
Distance	Pellter
Dynamique	Dynamig
Expansion	Ehangu
Élan	Momentwm
Friction	Ffrithiant
Impact	Effaith
Magnétisme	Magneteg
Mécanique	Mecaneg
Mouvement	Cynnig
Orbite	Orbit
Physique	Ffiseg
Planètes	Planedau
Pression	Pwysau
Propriétés	Eiddo
Temps	Amser
Universel	Cyffredinol
Vitesse	Cyflymder

Forêt Tropicale
Fforestydd Glaw

Amphibiens	Amffibiaid
Botanique	Botanegol
Climat	Hinsawdd
Communauté	Cymuned
Diversité	Amrywiaeth
Espèce	Rhywogaethau
Indigène	Cynhenid
Insectes	Pryfed
Jungle	Jyngl
Mammifères	Mamaliaid
Mousse	Mwsogl
Nature	Natur
Nuage	Cymylau
Oiseaux	Adar
Précieux	Gwerthfawr
Préservation	Cadwraeth
Refuge	Lloches
Respect	Parch
Restauration	Adfer
Survie	Goroesi

Fruit
Ffrwythau

Abricot	Bricyll
Avocat	Afocado
Baie	Aeron
Banane	Banana
Cerise	Ceirios
Citron	Lemon
Figue	Ffig
Framboise	Mafon
Goyave	Guava
Kiwi	Ciwi
Mangue	Mango
Melon	Melon
Nectarine	Nectarine
Orange	Oren
Papaye	Papaia
Pêche	Peach
Poire	Gellyg
Pomme	Afal
Prune	Eirin
Raisin	Grawnwin

Géographie
Daearyddiaeth

Altitude	Uchder
Atlas	Atlas
Carte	Map
Continent	Cyfandir
Fleuve	Afon
Hémisphère	Hemisffer
Île	Ynys
Latitude	Lledred
Mer	Môr
Méridien	Meridian
Monde	Byd
Montagne	Mynydd
Nord	Gogledd
Océan	Cefnfor
Ouest	Gorllewin
Pays	Gwlad
Région	Rhanbarth
Sud	De
Territoire	Tiriogaeth
Ville	Dinas

Géologie
Daeareg

Acide	Asid
Calcium	Calsiwm
Caverne	Ogof
Continent	Cyfandir
Corail	Cwrel
Couche	Haen
Cristaux	Crisialau
Fondu	Tawdd
Fossile	Ffosil
Geyser	Geyser
Lave	Lafa
Minéraux	Mwynau
Pierre	Carreg
Plateau	Gwastad
Quartz	Cwarts
Sel	Halen
Stalactite	Stalactite
Stalagmites	Stalagmidau
Volcan	Llosgfynydd
Zone	Parth

Géométrie
Geometreg

Angle	Ongl
Calcul	Cyfrifiad
Cercle	Cylch
Courbe	Gromlin
Diamètre	Diamedr
Dimension	Dimensiwn
Équation	Hafaliad
Hauteur	Uchder
Logique	Rhesymeg
Masse	Màs
Médian	Canolrif
Nombre	Rhif
Parallèle	Cyfochrog
Proportion	Cyfran
Segment	Segment
Surface	Wyneb
Symétrie	Cymesuredd
Théorie	Theori
Triangle	Triongl
Vertical	Fertigol

Gouvernement
Llywodraeth

Citoyenneté	Dinasyddiaeth
Civil	Sifil
Constitution	Cyfansoddiad
Démocratie	Democratiaeth
Discours	Araith
Discussion	Trafodaeth
District	Ardal
Droits	Hawliau
Égalité	Cydraddoldeb
État	Wladwriaeth
Indépendance	Annibyniaeth
Judiciaire	Barnwrol
Justice	Cyfiawnder
Liberté	Rhyddid
Loi	Cyfraith
Monument	Heneb
Nation	Cenedl
National	Cenedlaethol
Paisible	Heddychlon
Symbole	Symbol

Herboristerie
Llysieuol

Ail	Garlleg
Aromatique	Aromatig
Basilic	Basil
Bénéfique	Buddiol
Culinaire	Coginio
Estragon	Taragon
Fenouil	Ffenigl
Fleur	Blodyn
Ingrédient	Cynhwysion
Jardin	Gardd
Lavande	Lafant
Marjolaine	Marjoram
Menthe	Bathdy
Persil	Persli
Qualité	Ansawdd
Romarin	Rhosmar
Safran	Saffrwm
Saveur	Blas
Thym	Teim
Vert	Gwyrdd

Ingénierie
Peirianneg

Angle	Ongl
Axe	Echel
Calcul	Cyfrifiad
Construction	Adeiladu
Diagramme	Diagram
Diamètre	Diamedr
Diesel	Diesel
Distribution	Dosbarthu
Énergie	Ynni
Force	Cryfder
Friction	Ffrithiant
Liquide	Hylif
Machine	Peiriant
Mesure	Mesur
Moteur	Modur
Mouvement	Cynnig
Profondeur	Dyfnder
Rotation	Cylchdro
Stabilité	Sefydlogrwydd
Structure	Strwythur

Jardin
Gardd

Arbre	Coed
Banc	Mainc
Buisson	Llwyn
Clôture	Ffens
Étang	Pwll
Fleur	Blodyn
Garage	Garej
Hamac	Hammock
Herbe	Glaswellt
Jardin	Gardd
Mauvaises Herbes	Chwyn
Pelle	Rhaw
Pelouse	Lawnt
Porche	Cyntedd
Râteau	Rhaca
Sol	Pridd
Terrasse	Teras
Trampoline	Trampolîn
Tuyau	Pibell
Vigne	Winwydd

Jardinage
Garddio

Botanique	Botanegol
Bouquet	Tusw
Climat	Hinsawdd
Comestible	Bwytadwy
Compost	Compost
Eau	Dŵr
Espèce	Rhywogaethau
Exotique	Egsotig
Feuillage	Dail
Fleur	Blodyn
Floral	Blodau
Graines	Hadau
Humidité	Lleithder
Récipient	Cynhwysydd
Saisonnier	Tymhorol
Saleté	Baw
Sol	Pridd
Tuyau	Pibell
Verger	Berllan

Jazz
Jazz

Album	Albwm
Artiste	Artist
Célèbre	Enwog
Chanson	Cân
Compositeur	Cyfansoddwr
Composition	Cyfansoddiad
Concert	Cyngerdd
Favoris	Ffefrynnau
Genre	Genre
Improvisation	Byrfyfyr
Musique	Cerddoriaeth
Nouveau	Newydd
Orchestre	Cerddorfa
Rythme	Rhythm
Solo	Unawd
Style	Arddull
Talent	Talent
Tambours	Drymiau
Technique	Techneg
Vieux	Hen

Jours et Mois
Diwrnodau a Misoedd

Août	Awst
Avril	Ebrill
Calendrier	Calendr
Dimanche	Dydd Sul
Février	Chwefror
Janvier	Ionawr
Jeudi	Dydd Iau
Juillet	Gorffennaf
Juin	Mehefin
Lundi	Dydd Llun
Mardi	Dydd Mawrth
Mars	Mawrth
Mercredi	Dydd Mercher
Mois	Mis
Novembre	Tachwedd
Octobre	Hydref
Samedi	Dydd Sadwrn
Semaine	Wythnos
Septembre	Medi
Vendredi	Dydd Gwener

L'Entreprise
Y Cwmni

Affaires	Busnes
Créatif	Creadigol
Décision	Penderfyniad
Emploi	Cyflogaeth
Global	Byd-Eang
Industrie	Diwydiant
Innovant	Arloesol
Investissement	Buddsoddiad
Possibilité	Posibilrwydd
Présentation	Cyflwyniad
Produit	Cynnyrch
Professionnel	Proffesiynol
Progrès	Cynnydd
Qualité	Ansawdd
Ressources	Adnoddau
Revenu	Refeniw
Réputation	Enw Da
Risques	Risgiau
Tendances	Tueddiadau
Unités	Unedau

Les Abeilles
Gwenyn

Ailes	Adenydd
Bénéfique	Buddiol
Cire	Cwyr
Diversité	Amrywiaeth
Essaim	Haid
Écosystème	Ecosystem
Fleur	Blodyn
Fleurs	Blodau
Fruit	Ffrwyth
Fumée	Mwg
Habitat	Cynefin
Insecte	Pryfed
Jardin	Gardd
Miel	Mêl
Nourriture	Bwyd
Plantes	Planhigion
Pollen	Paill
Reine	Brenhines
Ruche	Cwch
Soleil	Haul

Les Médias
Y Cyfryngau

Attitudes	Agweddau
Commercial	Masnachol
Communication	Cyfathrebu
En Ligne	Ar-Lein
Édition	Argraffiad
Éducation	Addysg
Faits	Ffeithiau
Financement	Cyllid
Images	Delweddau
Individuel	Unigol
Industrie	Diwydiant
Intellectuel	Deallusol
Local	Lleol
Numérique	Digidol
Opinion	Barn
Photos	Lluniau
Public	Cyhoeddus
Radio	Radio
Réseau	Rhwydwaith
Télévision	Teledu

Légumes
Llysiau

Ail	Garlleg
Algue	Gwymon
Artichaut	Artisiog
Aubergine	Eggplant
Brocoli	Brocoli
Carotte	Moron
Céleri	Seleri
Champignon	Madarch
Citrouille	Pwmpen
Concombre	Ciwcymbr
Épinard	Sbigoglys
Gingembre	Sinsir
Navet	Maip
Oignon	Union
Olive	Olewydd
Persil	Persli
Pois	Pys
Radis	Radish
Salade	Salad
Tomate	Tomato

Littérature
Llenyddiaeth

Analogie	Cyfatebiaeth
Analyse	Dadansoddiad
Anecdote	Chwedl
Auteur	Awdur
Biographie	Bywgraffiad
Comparaison	Cymhariaeth
Conclusion	Casgliad
Description	Disgrifiad
Dialogue	Deialog
Fiction	Ffuglen
Métaphore	Trosiad
Narrateur	Adroddwr
Poème	Cerdd
Poétique	Barddonol
Rime	Odl
Roman	Nofel
Rythme	Rhythm
Style	Arddull
Thème	Thema
Tragédie	Drychineb

Livres
Llyfrau

Auteur	Awdur
Aventure	Antur
Collection	Casgliad
Contexte	Cyd-Destun
Dualité	Deuoliaeth
Épique	Epig
Histoire	Stori
Historique	Hanesyddol
Humoristique	Doniol
Inventif	Buddsoddi
Lecteur	Darllenydd
Littéraire	Llenyddol
Narrateur	Adroddwr
Page	Tudalen
Pertinent	Perthnasol
Poème	Cerdd
Poésie	Barddoniaeth
Roman	Nofel
Série	Cyfres
Tragique	Trasig

Maison
Tŷ

Balai	Banadl
Bibliothèque	Llyfrgell
Chambre	Ystafell
Cheminée	Lle Tân
Clés	Allweddi
Clôture	Ffens
Cuisine	Cegin
Douche	Cawod
Fenêtre	Ffenestr
Garage	Garej
Grenier	Atig
Jardin	Gardd
Lampe	Lamp
Miroir	Drych
Mur	Wal
Plafond	Nenfwd
Porte	Drws
Rideaux	Llenni
Tapis	Rug
Toit	To

Mammifères
Mamaliaid

Baleine	Morfil
Chat	Cath
Cheval	Ceffyl
Chien	Ci
Coyote	Coyote
Dauphin	Dolffin
Éléphant	Eliffant
Girafe	Jiraff
Gorille	Gorila
Kangourou	Kangaroo
Lapin	Cwningen
Lion	Llew
Loup	Blaidd
Mouton	Defaid
Ours	Arth
Renard	Llwynog
Singe	Mwnci
Taureau	Tarw
Tigre	Teigr
Zèbre	Sebra

Mathématiques
Mathemateg

Angles	Onglau
Arithmétique	Rhifyddeg
Carré	Sgwâr
Circonférence	Cylchedd
Décimal	Degol
Diamètre	Diamedr
Équation	Hafaliad
Fraction	Ffracsiwn
Géométrie	Geometreg
Parallèle	Cyfochrog
Parallélogramme	Paralelogram
Perpendiculaire	Berpendicwlar
Périmètre	Amfesur
Polygone	Polygon
Rayon	Radiws
Rectangle	Petryal
Somme	Swm
Symétrie	Cymesuredd
Triangle	Triongl
Volume	Cyfrol

Mesures
Mesuriadau

Centimètre	Canolfan
Degré	Gradd
Décimal	Degol
Gramme	Gram
Hauteur	Uchder
Kilogramme	Cilogram
Largeur	Lled
Litre	Litr
Longueur	Hyd
Masse	Màs
Mètre	Mesurydd
Minute	Munud
Octet	Beit
Once	Owns
Pinte	Peint
Poids	Pwysau
Pouce	Modfedd
Profondeur	Dyfnder
Tonne	Tunnell
Volume	Cyfrol

Méditation
Myfyrdod

Acceptation	Derbyn
Attention	Sylw
Calme	Dawel
Clarté	Eglurder
Compassion	Tosturi
Esprit	Meddwl
Émotions	Emosiynau
Éveillé	Effro
Gentillesse	Caredigrwydd
Gratitude	Diolchgarwch
Habitudes	Arferion
Mental	Meddyliol
Mouvement	Symudiad
Musique	Cerddoriaeth
Nature	Natur
Paix	Heddwch
Perspective	Safbwynt
Posture	Osgo
Respiration	Anadlu
Silence	Distawrwydd

Météo
Tywydd

Arc-En-Ciel	Enfys
Atmosphère	Awyrgylch
Brise	Awel
Brouillard	Niwl
Calme	Dawel
Ciel	Awyr
Climat	Hinsawdd
Glace	Iâ
Mousson	Monsŵn
Nuage	Cwmwl
Ouragan	Corwynt
Polaire	Polar
Sec	Sych
Sécheresse	Sychder
Température	Tymheredd
Tempête	Storm
Tonnerre	Taranau
Tornade	Tornado
Tropical	Trofannol
Vent	Gwynt

Mode
Ffasiwn

Abordable	Fforddiadwy
Boutique	Boutique
Boutons	Botymau
Broderie	Brodwaith
Cher	Drud
Confortable	Cyfforddus
Dentelle	Lace
Élégant	Cain
Mesures	Mesuriadau
Minimaliste	Lleiaf
Moderne	Modern
Modeste	Cymedrol
Modèle	Patrwm
Original	Gwreiddiol
Pratique	Ymarferol
Simple	Syml
Style	Arddull
Tendance	Tuedd
Texture	Gwead
Vêtements	Dillad

Musique
Cerddoriaeth

Album	Albwm
Ballade	Baled
Chanter	Canu
Chanteur	Canwr
Classique	Clasurol
Enregistrement	Cofnodi
Harmonie	Harmoni
Harmonique	Harmonig
Instrument	Offeryn
Lyrique	Telynegol
Mélodie	Alaw
Microphone	Meicroffon
Musical	Cerddorol
Musicien	Cerddor
Opéra	Opera
Poétique	Barddonol
Rythme	Rhythm
Rythmique	Rhythmig
Tempo	Tempo
Vocal	Lleisiol

Mythologie
Mytholeg

Catastrophe	Trychineb
Comportement	Ymddygiad
Création	Creu
Créature	Creadur
Croyances	Credoau
Culture	Diwylliant
Éclair	Mellt
Force	Cryfder
Guerrier	Rhyfelwr
Héroïne	Arwres
Héros	Arwr
Immortalité	Anfarwoldeb
Jalousie	Cenfigen
Labyrinthe	Labyrinth
Légende	Chwedl
Magique	Hudol
Monstre	Anghenfil
Mortel	Marwol
Tonnerre	Meddwl
Vengeance	Dial

Nature
Natur

Abeilles	Gwenyn
Animaux	Anifeiliaid
Arctique	Arctig
Beauté	Harddwch
Brouillard	Niwl
Désert	Anialwch
Dynamique	Dynamig
Falaises	Clogwyni
Feuillage	Dail
Fleuve	Afon
Forêt	Coedwig
Glacier	Rhewlif
Montagnes	Mynyddoedd
Nuage	Cymylau
Paisible	Heddychlon
Sanctuaire	Cysegr
Sauvage	Gwyllt
Serein	Tawel
Tropical	Trofannol
Vital	Hanfodol

Nombres
Rhifau

Cinq	Pump
Deux	Dau
Décimal	Degol
Dix	Deg
Dix-Huit	Deunaw
Douze	Deuddeg
Huit	Wyth
Math	Math
Neuf	Naw
Quatre	Pedwar
Quinze	Pymtheg
Seize	Un ar Bymtheg
Sept	Saith
Six	Chwech
Treize	Tri ar Ddeg
Trois	Tri
Un	Un
Vingt	Ugain
Zéro	Sero

Nourriture #1
Bwyd # 1

Ail	Garlleg
Basilic	Basil
Café	Coffi
Cannelle	Sinamon
Carotte	Moron
Citron	Lemon
Épinard	Sbigoglys
Fraise	Mefus
Jus	Sudd
Lait	Llaeth
Navet	Maip
Oignon	Union
Orge	Haidd
Poire	Gellyg
Salade	Salad
Sel	Halen
Soupe	Cawl
Sucre	Siwgr
Thon	Tiwna
Viande	Cig

Nourriture #2
Bwyd # 2

Amande	Almon
Aubergine	Eggplant
Banane	Banana
Blé	Gwenith
Brocoli	Brocoli
Cerise	Ceirios
Céleri	Seleri
Champignon	Madarch
Chocolat	Siocled
Jambon	Ham
Kiwi	Ciwi
Mangue	Mango
Oeuf	Wy
Pain	Bara
Poisson	Pysgod
Pomme	Afal
Poulet	Cyw lâr
Raisin	Grawnwin
Riz	Reis
Tomate	Tomato

Nutrition
Maeth

Amer	Chwerw
Appétit	Archwaeth
Calories	Galorïau
Comestible	Bwytadwy
Diète	Deiet
Digestion	Treuliad
Épices	Sbeisys
Équilibré	Cytbwys
Fermentation	Eplesu
Glucides	Carbohydradau
Liquides	Hylifau
Poids	Pwysau
Protéines	Proteinau
Qualité	Ansawdd
Sain	Iach
Santé	Iechyd
Sauce	Saws
Saveur	Blas
Toxine	Gwenwyn
Vitamine	Fitamin

Océan
Cefnfor

Algue	Gwymon
Anguille	Llysywod
Baleine	Morfil
Bateau	Cwch
Corail	Cwrel
Crabe	Cranc
Crevette	Berdys
Dauphin	Dolffin
Éponge	Noddi
Huître	Wystrys
Marées	Llanw
Méduse	Sglefrod Môr
Poisson	Pysgod
Poulpe	Octopws
Requin	Siarc
Sel	Halen
Tempête	Storm
Thon	Tiwna
Tortue	Crwban
Vagues	Tonnau

Oiseaux
Adar

Aigle	Eryr
Autruche	Estrys
Canard	Hwyaden
Cigogne	Ciconia
Colombe	Colomen
Corbeau	Frân
Coucou	Gog
Cygne	Alarch
Héron	Crëyr
Manchot	Pengwin
Moineau	Aderyn
Mouette	Gwylan
Oeuf	Wy
Oie	Gŵydd
Paon	Paun
Perroquet	Parot
Pélican	Pelican
Pigeon	Colomennod
Poulet	Cyw lâr
Toucan	Twcan

Pays #1
Gwledydd # 1

Afghanistan	Affganistan
Allemagne	Yr Almaen
Argentine	Ariannin
Brésil	Brasil
Canada	Canada
Espagne	Sbaen
Équateur	Ecwador
Finlande	Ffindir
Inde	India
Israël	Israel
Libye	Libya
Mali	Mali
Maroc	Moroco
Nicaragua	Nicaragua
Norvège	Norwy
Panama	Panama
Philippines	Philippines
Pologne	Gwlad Pwyl
Roumanie	Romania
Venezuela	Venezuela

Pays #2
Gwledydd # 2

Albanie	Albania
Chine	Tsieina
Danemark	Denmarc
France	Ffrainc
Haïti	Haiti
Indonésie	Indonesia
Irlande	Iwerddon
Jamaïque	Jamaica
Japon	Japan
Kenya	Kenya
Laos	Laos
Liban	Libanus
Mexique	Mecsico
Ouganda	Uganda
Pakistan	Pakistan
Russie	Rwsia
Somalie	Somalia
Soudan	Sudan
Syrie	Syria
Ukraine	Wcráin

Paysages
Tirweddau

Cascade	Rhaeadr
Colline	Bryn
Désert	Anialwch
Estuaire	Aber
Fleuve	Afon
Geyser	Geyser
Glacier	Rhewlif
Grotte	Ogof
Iceberg	Mynydd Iâ
Île	Ynys
Lac	Llyn
Marais	Gors
Mer	Môr
Montagne	Mynydd
Oasis	Werddon
Péninsule	Penrhyn
Plage	Traeth
Toundra	Tundra
Vallée	Dyffryn
Volcan	Llosgfynydd

Philanthropie
Dyngarwch

Besoin	Angen
Buts	Nodau
Charité	Elusen
Communauté	Cymuned
Contacts	Cysylltiadau
Défis	Heriau
Enfants	Plant
Finance	Cyllid
Fonds	Cronfeydd
Gens	Pobl
Générosité	Haelioni
Global	Byd-Eang
Groupes	Grwpiau
Histoire	Hanes
Honnêteté	Gonestrwydd
Humanité	Dynoliaeth
Jeunesse	Ieuenctid
Mission	Cenhadaeth
Programmes	Rhaglenni
Public	Cyhoeddus

Photographie
Ffotograffiaeth

Adoucir	Meddalu
Cadre	Ffrâm
Caméra	Camera
Composition	Cyfansoddiad
Contraste	Cyferbyniad
Couleur	Lliw
Définition	Diffiniad
Exposition	Arddangosfa
Éclairage	Goleuadau
Format	Fformat
Noir	Du
Objet	Gwrthrych
Obscurité	Tywyllwch
Ombre	Cysgodion
Perspective	Safbwynt
Portrait	Portread
Sujet	Pwnc
Texture	Gwead
Visuel	Gweledol

Physique
Ffiseg

Accélération	Cyflymiad
Atome	Atom
Chaos	Anhrefn
Chimique	Cemegol
Densité	Dwysedd
Électron	Electron
Formule	Fformiwla
Fréquence	Amider
Gaz	Nwy
Gravité	Disgyrchiant
Magnétisme	Magneteg
Masse	Màs
Mécanique	Mecaneg
Molécule	Moleciwl
Moteur	Peiriant
Nucléaire	Niwclear
Particule	Gronynnau
Relativité	Ymlacio
Universel	Cyffredinol
Vitesse	Cyflymder

Plantes
Planhigion

Arbre	Coed
Baie	Aeron
Bambou	Bambŵ
Botanique	Llysieueg
Buisson	Llwyn
Cactus	Cactus
Engrais	Gwrtaith
Feuillage	Dail
Fleur	Blodyn
Flore	Flora
Forêt	Coedwig
Grandir	Tyfu
Haricot	Ffa
Herbe	Glaswellt
Jardin	Gardd
Lierre	Eiddew
Mousse	Mwsogl
Pétale	Petal
Racine	Gwraidd
Végétation	Llystyfiant

Professions #1
Proffesiynau # 1

Ambassadeur	Llysgennad
Astronome	Seryddwr
Avocat	Cyfreithiwr
Banquier	Banciwr
Bijoutier	Gemydd
Cartographe	Cartographer
Chasseur	Helwyr
Danseur	Dawnsiwr
Entraîneur	Hyfforddwr
Éditeur	Golygydd
Géologue	Daearegwr
Infirmière	Nyrs
Médecin	Meddyg
Musicien	Cerddor
Pianiste	Pianydd
Plombier	Plymwr
Pompier	Diffoddwr Tân
Psychologue	Seicolegydd
Scientifique	Gwyddonydd
Vétérinaire	Milfeddyg

Professions #2
Proffesiynau # 2

Agriculteur	Ffermwr
Astronaute	Gofodwr
Bibliothécaire	Llyfrgellydd
Biologiste	Biolegydd
Chercheur	Ymchwilydd
Chirurgien	Llawfeddyg
Dentiste	Deintydd
Détective	Ditectif
Enseignant	Athro
Illustrateur	Darlunydd
Ingénieur	Peiriannydd
Inventeur	Dyfeisiwr
Jardinier	Garddwr
Journaliste	Newyddiadurwr
Linguiste	Ieithydd
Médecin	Meddyg
Peintre	Peintiwr
Philosophe	Athronydd
Photographe	Ffotograffydd
Pilote	Peilot

Psychologie
Seicoleg

Clinique	Clinigol
Cognition	Gwybyddiaeth
Comportement	Ymddygiad
Conflit	Gwrthdaro
Ego	Ego
Enfance	Plentyndod
Expériences	Profiadau
Émotions	Emosiynau
Évaluation	Asesiad
Idées	Syniadau
Inconscient	Anymwybodol
Influences	Dylanwadau
Pensées	Meddyliau
Perception	Canfyddiad
Personnalité	Personoliaeth
Problème	Broblem
Réalité	Realiti
Rêves	Breuddwydion
Sensation	Teimlad
Thérapie	Therapi

Randonnée
Heicio

Animaux	Anifeiliaid
Bottes	Esgidiau
Camping	Gwersylla
Carte	Map
Climat	Hinsawdd
Dangers	Peryglon
Eau	Dŵr
Falaise	Clogwyn
Fatigué	Flinedig
Guides	Canllawiau
Lourd	Trwm
Météo	Tywydd
Montagne	Mynydd
Nature	Natur
Orientation	Cyfeiriad
Parcs	Parciau
Pierres	Cerrig
Préparation	Paratoi
Sauvage	Gwyllt
Soleil	Haul

Remplir
I Llenwch

Baignoire	Twb
Baril	Gasgen
Bassin	Basn
Boîte	Blwch
Bouteille	Potel
Caisse	Cawell
Carton	Carton
Dossier	Ffolder
Enveloppe	Amlen
Panier	Basged
Paquet	Pecyn
Plateau	Hambwrdd
Poche	Poced
Pot	Jar
Sac	Bag
Seau	Bwced
Tiroir	Drôr
Tube	Tiwb
Valise	Cês
Vase	Vase

Santé et Bien-Être #1
Iechyd a Lles # 1

Actif	Gweithredol
Bactéries	Bacteria
Blessure	Anaf
Clinique	Clinig
Faim	Newyn
Fracture	Twyll
Habitude	Arfer
Hauteur	Uchder
Hormone	Hormonau
Médecin	Meddyg
Médicament	Meddygaeth
Muscles	Cyhyrau
Os	Esgyrn
Peau	Croen
Pharmacie	Fferyllfa
Posture	Osgo
Relaxation	Ymlacio
Réflexe	Atgyrch
Thérapie	Therapi
Traitement	Triniaeth

Santé et Bien-Être #2
Iechyd a Lles # 2

Allergie	Alergedd
Anatomie	Anatomeg
Appétit	Archwaeth
Calorie	Calori
Corps	Corff
Déshydratation	Diffyg
Énergie	Ynni
Génétique	Geneteg
Hôpital	Ysbyty
Hygiène	Hylendid
Infection	Haint
Maladie	Clefyd
Massage	Tylino
Nutrition	Maeth
Poids	Pwysau
Récupération	Adfer
Sain	Iach
Sang	Gwaed
Stress	Straen
Vitamine	Fitamin

Science
Gwyddoniaeth

Atome	Atom
Chimique	Cemegol
Climat	Hinsawdd
Données	Data
Expérience	Arbrawf
Évolution	Esblygiad
Fait	Ffaith
Fossile	Ffosil
Gravité	Disgyrchiant
Hypothèse	Ddamcaniaeth
Laboratoire	Labordy
Méthode	Dull
Minéraux	Mwynau
Molécules	Moleciwlau
Nature	Natur
Organisme	Organeb
Particules	Gronynnau
Physique	Ffiseg
Plantes	Planhigion
Scientifique	Gwyddonydd

Science-Fiction
Ffuglen Gwyddoniaeth

Atomique	Atomig
Cinéma	Sinema
Explosion	Ffrwydrad
Extrême	Eithafol
Fantastique	Gwych
Feu	Tân
Futuriste	Dyfodolaidd
Galaxie	Galaeth
Illusion	Rhith
Imaginaire	Dychmygol
Livres	Llyfrau
Monde	Byd
Mystérieux	Dirgel
Oracle	Oracle
Planète	Blaned
Réaliste	Realistig
Robots	Robotiaid
Scénario	Senario
Technologie	Technoleg
Utopie	Utopia

Sport
Chwaraeon

Athlète	Mabolgampwr
Capacité	Gallu
Corps	Corff
Cyclisme	Beicio
Danse	Dawnsio
Diète	Deiet
Endurance	Dygnwch
Entraîneur	Hyfforddwr
Force	Cryfder
Jogging	Loncian
Maximiser	Wneud y Gorau
Métabolique	Metabolig
Muscles	Cyhyrau
Nager	I Nofio
Nutrition	Maeth
Objectif	Nod
Os	Esgyrn
Programme	Rhaglen
Santé	Iechyd
Sports	Chwaraeon

Temps
Amser

Année	Blwyddyn
Annuel	Blynyddol
Après	Ar Ôl
Avant	Cyn
Bientôt	Yn Fuan
Calendrier	Calendr
Décennie	Degawd
Futur	Dyfodol
Heure	Awr
Hier	Ddoe
Horloge	Cloc
Jour	Dydd
Maintenant	Nawr
Matin	Bore
Midi	Hanner Dydd
Minute	Munud
Mois	Mis
Nuit	Nos
Semaine	Wythnos
Siècle	Canrif

Types de Cheveux
Mathau o Wallt

Argent	Arian
Blanc	Gwyn
Blond	Blond
Boucles	Curls
Brillant	Sgleiniog
Chauve	Moel
Coloré	Lliw
Court	Byr
Doux	Meddal
Épais	Trwchus
Frisé	Cyrliog
Gris	Llwyd
Long	Hir
Marron	Brown
Mince	Tenau
Noir	Du
Sain	Iach
Sec	Sych
Tresses	Blethi
Tressé	Plethedig

Univers
Bydysawd

Astéroïde	Asteroid
Astronome	Seryddwr
Astronomie	Seryddiaeth
Atmosphère	Awyrgylch
Ciel	Awyr
Cosmique	Cosmig
Équateur	Cyhydedd
Galaxie	Galaeth
Hémisphère	Hemisffer
Horizon	Gorwel
Latitude	Lledred
Longitude	Hydred
Lune	Lleuad
Obscurité	Tywyllwch
Orbite	Orbit
Solaire	Solar
Solstice	Ateb
Télescope	Telesgop
Visible	Gweladwy
Zodiaque	Sidydd

Vacances #2
Yn Ystod y Gwyliau #2

Aéroport	Maes Awyr
Camping	Gwersylla
Carte	Map
Destination	Cyrchfan
Étranger	Tramor
Hôtel	Gwesty
Île	Ynys
Loisir	Hamdden
Mer	Môr
Passeport	Pasbort
Plage	Traeth
Restaurant	Bwyty
Réservations	Amheuon
Taxi	Tacsi
Tente	Pabell
Train	Trên
Transport	Cludiant
Vacances	Gwyliau
Visa	Fisa
Voyage	Taith

Véhicules
Cerbydau

Ambulance	Ambiwlans
Avion	Awyren
Bateau	Cwch
Bus	Bws
Camion	Lori
Caravane	Carafan
Ferry	Fferi
Fusée	Roced
Hélicoptère	Hofrennydd
Métro	Isffordd
Moteur	Modur
Navette	Gwennol
Pneus	Tirion
Radeau	Llu
Scooter	Sgwter
Sous-Marin	Llong Danfor
Taxi	Tacsi
Tracteur	Tractor
Vélo	Beic
Voiture	Car

Vêtements
Dillad

Bracelet	Breichled
Ceinture	Gwregys
Chapeau	Het
Chaussure	Esgid
Chemise	Crys
Chemisier	Blows
Collier	Adnabod
Foulard	Sgarff
Gants	Menig
Jeans	Jîns
Jupe	Sgert
Manteau	Côt
Mode	Ffasiwn
Pantalon	Pants
Pull	Chwyswr
Pyjama	Pyjamas
Robe	Gwisg
Sandales	Sandalau
Tablier	Ffedog
Veste	Siaced

Ville
Y Dref

Aéroport	Maes Awyr
Banque	Banc
Bibliothèque	Llyfrgell
Boulangerie	Becws
Cinéma	Sinema
Clinique	Clinig
École	Ysgol
Fleuriste	Siop Flodau
Galerie	Oriel
Hôtel	Gwesty
Librairie	Siop Lyfrau
Marché	Farchnad
Musée	Amgueddfa
Pharmacie	Fferyllfa
Restaurant	Bwyty
Stade	Stadiwm
Supermarché	Archfarchnad
Théâtre	Theatr
Université	Prifysgol
Zoo	Sw

Félicitations

Vous avez réussi !

Nous espérons que vous avez apprécié ce livre autant que nous avons pris plaisir à le concevoir. Nous faisons de notre mieux pour créer des livres de la meilleure qualité possible.
Cette édition est conçue pour permettre un apprentissage intelligent et de qualité en se divertissant !

Vous avez aimé ce livre ?

Une Simple Demande

Nos livres existent grâce aux avis que vous publiez. Pourriez-vous nous aider en laissant un avis maintenant ?

Voici un lien rapide qui vous mènera à votre page d'évaluation de vos commandes :

BestBooksActivity.com/Avis50

CHALLENGE FINAL !

Défi n°1

Êtes-vous prêt pour votre jeu bonus ? Nous les utilisons tout le temps mais ils ne sont pas si faciles à trouver. Voici les **Synonymes** !

Notez 5 mots que vous avez trouvés dans les puzzles notés ci-dessous (n°21, n°36, n°76) et essayez de trouver 2 synonymes pour chaque mot.

Notez 5 Mots du **Puzzle 21**

Mots	Synonyme 1	Synonyme 2

Notez 5 Mots du **Puzzle 36**

Mots	Synonyme 1	Synonyme 2

Notez 5 Mots du **Puzzle 76**

Mots	Synonyme 1	Synonyme 2

Défi n°2

Maintenant que vous vous êtes échauffé, notez 5 mots que vous avez découverts dans les Puzzles n° 9, n° 17, n° 25 et essayez de trouver 2 antonymes pour chaque mot. Combien pouvez-vous en trouver en 20 minutes ?

Notez 5 Mots du **Puzzle 9**

Mots	Antonyme 1	Antonyme 2

Notez 5 Mots du **Puzzle 17**

Mots	Antonyme 1	Antonyme 2

Notez 5 Mots du **Puzzle 25**

Mots	Antonyme 1	Antonyme 2

Défi n°3

Formidable ! Ce défi final n'est rien pour vous.

Prêt pour le dernier défi ? Choisissez 10 mots que vous avez découverts parmi les différents puzzles et notez-les ci-dessous.

1.	6.
2.	7.
3.	8.
4.	9.
5.	10.

Maintenant, composez un texte en pensant à une personne, un animal ou un lieu que vous aimez !

Astuce: Vous pouvez utiliser la dernière page de ce livre comme brouillon !

Votre Composition :

CARNET DE NOTES :

À TRÈS BIENTÔT !

Toute l'équipe

DECOUVREZ DES JEUX GRATUITS

GO

↓

BESTACTIVITYBOOKS.COM/FREEGAMES